Hamid Peseschkian

Die russische Seele im Spiegel der Psychotherapie

Spasiwa – Danke

dobre ziten – Guten Tag

dobre utra – Guten Morgen

dobre viptschir Guten Abend

Spakoyne notsche – Gute Nacht

Strastwoi → Guten Tag, Hallo

Miansawut → ich heiße (...)

Das transkulturelle Psychoforum
Band 7

herausgegeben von

PD Dr. Dr. Thomas Heise
und
Dr. Judith Schuler

ISSN 1435-7844

Die russische Seele im Spiegel der Psychotherapie

Ein Beitrag zur Entwicklung einer transkulturellen Psychotherapie

von

Hamid Peseschkian

VWB – Verlag für Wissenschaft und Bildung

Die Deutsche Bibliothek - CIP-Einheitsaufnahme

Peseschkian, Hamid:
Die russische Seele im Spiegel der Psychotherapie : ein Beitrag zur Entwicklung einer transkulturellen Psychotherapie / von Hamid Peseschkian. - Berlin : VWB, Verl. für Wiss. und Bildung, 2002
(Das transkulturelle Psychoforum ; Bd. 7)
ISBN 3-86135-136-6

ISSN 1435-7844

Verlag und Vertrieb
VWB – Verlag für Wissenschaft und Bildung, Amand Aglaster
Postfach 11 03 68 • 10833 Berlin
Tel: 030/251 04 15 • Fax: 030/251 11 36
e-mail: 100615.1565@compuserve.com
http://www.vwb-verlag.com

Druck
Primus Solvero GmbH, Berlin

Copyright
© VWB – Verlag für Wissenschaft und Bildung, 2002

Den wahren Helden und Pionieren unserer Zeit –
Menschen, die sich um den äußeren und inneren Frieden bemühen
und hierzu ihren – oft unerkannten – Beitrag leisten.

Inhaltsverzeichnis

Zum Geleit

Hamid Peseschkian hat ein wichtiges Buch in mehrerlei Hinsicht vorgelegt: Er beschreibt die Psychotherapie in Russland und vor allem die Psychotherapie der ersten postkommunistischen Jahre nach 1989, ein wichtiges historisches Aufarbeiten. Er beschreibt aber auch die Kultur Russlands und seiner Vielvölkerdynamik mit seinen Mentalitäten. Und er beschreibt seinen interkulturellen Zugang mit Hilfe der Positiven Psychotherapie. Die Untersuchungen und Stellungnahmen russischer Kolleginnen und Kollegen in der Zeit von 1990 bis 1997 habe ich persönlich äußerst interessant gefunden, zeigt es doch die ungeheure Vernetzung von Gesellschaft und Individuum in seinen charakterlogischen aber auch psychopathologischen Ausprägungen. Und wenn hier über die das Individuum formende gesellschaftliche Dynamik geschrieben wird, die soviel Leid aber auch Kreativität erzeugt, dann steht es uns Westeuropäern gar nicht an, abfällig und entwertend über Russland zu urteilen, im Gegenteil. Es bedarf der Demut unsererseits und der Bewunderung für die Leistungen auf dem Gebiet der Psychotherapie, die hier aufgezeigt werden in einer für Russland äußerst belastenden Zeit der Neuorientierung. Wie viel aus der Geschichte unseres konkreten Lebens ist herüberzuretten in die neue Zeit, wie viel an Erfahrung ist gültig für die Zukunft? Dies sind ja nicht nur Fragestellungen für Russland, sondern auch für die ganze Menschheit. Die Darstellung der Geschichte der Psychotherapie in Russland ist daher auch eine Darstellung des Verständnisses der russischen Kultur, die uns soviel gegeben hat und geben wird. Auch aus meiner persönlichen Erfahrung kann ich sagen, dass die russischen Kolleginnen und Kollegen besonders begabte Psychotherapeuten sind – die große russische Seele ist keine Fiktion, sondern eine Realität. Russland ist ein Vielvölkerstaat. Dies ist Chance und Problem zugleich. Denn alle Völker suchen nach abgrenzbarer Identität in der Interaktion mit ihren Nachbarn. Sprache insbesonders schafft ein Gefühl der Zugehörigkeit wie es auch die geografische Heimat zu erzeugen vermag. Die Russen haben einen hohen Preis bezahlt für ihren Internationalismus der häufig auch Kulturimperialismus war (und nicht nur bei den Russen zu beobachten war). Im konstanten Versuch, eine bessere Welt zu bauen als die die wir vorfinden, hat sich auch H. Peseschkian diesem Thema verschrieben und sein Opus ist auch ein Versuch, die Brücken die es zu bauen gilt zwischen verschiedenen Kulturtraditionen mitzukonstruieren und auch vor dem Konkreten des Unmittelbaren nicht zurückzuschrecken. Seine Jahre in Russland haben ihn zu einem Spezialisten gemacht in dieser Versöhnungsarbeit zwischen und mit den Kulturen. Die neue Welt, auch in meiner Vision, bedarf des interkulturellen Austausches in besonderer Weise. Die Globalisierung hat nicht nur die Ökonomie, sondern auch die Seelen erfasst. Aber welche Modelle der Verständigung insbesonders kranker Seelen haben wir? Wir Psychotherapeuten sind zwar auf der anderen Seite des Leids, wenn wir konkret psychotherapeutisch behandeln, aber mittendrin in der globalen sich akzelerierenden Kulturdynamik und als solche auch Teil der Chancen und Miseren. Mit unseren Verständigungstechniken stehen wir nach 100 Jahren stürmischer Psychotherapieentwicklung am Anfang, aber wir gehen bereits die ersten Schritte, die bekanntlich notwendig sind für den gesamten Weg. Die Psychotherapie in Russland, so wie sie uns Hamid Peseschkian zeichnet, kann diesbezüglich eine sehr gute Quelle der Inspiration sein, gerade in ihren Schwierigkeiten erzählt sie uns mehr über die Conditio Humana als wir zu erwarten geneigt sind.

Hon. Prof. Dr. Alfred Pritz,
Präsident des Weltverbandes für Psychotherapie (WCP)
Wien

Vorwort

„Warum wollen Sie sich denn bei uns in Russland habilitieren?“ Mit diesen Worten wurde ich 1997 vom Direktor eines der größten Forschungsinstitute Russlands in Moskau begrüßt, als ich einige Dokumente für mein Habilitationsverfahren angefordert hatte. Ganz spontan ging mir durch den Kopf: „Gute Frage, aber warum stellt jemand wie er – ein Wissenschaftler – diese Frage.“ Einige Zeit später, nachdem ich einen Einblick in die russische Bürokratie gewonnen hatte (die übrigens zum großem Teil aus Deutschland importiert wurde!), wurde mir die Frage in ihrer gesamten Dimension klarer. Wie aber hatte alles begonnen?

Anfang 1991 hatte ich mich als junger Assistenzarzt entschlossen für einige Monate in die, damals noch existierende, UdSSR zu reisen, um dort meinen bescheidenen gesellschaftlichen Beitrag zu leisten. Ich bin – vor allem in Russland – oft gefragt worden, warum gerade Russland und wie ich bloß auf so eine Idee gekommen bin – nach dem Motto: „Ihnen war es in Deutschland wohl langweilig; da gibt es ja keine Probleme.“ Die Sache lag etwas anders, da ich mich selten langweile und die Probleme in Deutschland mir völlig ausgereicht hätten. Meine Absicht war durch das mir vermittelte Weltbild inspiriert worden, dass „die Erde nur ein Land und alle Menschen ihre Bürger sind.“ Dieser Leitgedanke des Bahá'í-Glaubens hat mich im Geiste eines Weltbürgers aufwachsen lassen, so dass als sich nun Ende der 1980er Jahre Osteuropa langsam zu öffnen begann und einige Freunde von mir in diese Länder reisten, ich den Entschluss fasste etwas konkretes zu leisten. Mit Russland und seiner Ideologie hatte ich mich zuvor nicht besonders auseinander gesetzt, jedoch schien es mir ein faszinierendes, da unbekanntes Land, zu sein. So schrieb ich im April 1991 an ca. 50 sowjetische Hochschulen und bat ihnen an, einige Seminare über Psychotherapie, Psychosomatik und transkulturelle Fragestellungen für Ärzte und Studenten abzuhalten (unentgeltlich im Tausch für Übernachtung und Verpflegung). Etwa 15 Hochschulen antworteten und schickten mir eine Visumseinladung für ihre Stadt (viele Städte waren damals für Ausländer weitgehend gesperrt). Diese Einladungen schickte ich gebündelt an die zuständige Botschaft in Bonn und wartete sehnsüchtig auf mein Visum. Zuvor hatte ich mit meinem Chef gesprochen, der mir mit dem Hinweis „einige Kollegen sind nach Amerika gegangen; Sie reisen halt in die andere Richtung“ einen 6-monatigen unbezahlten Urlaub genehmigte. Dass ich zuvor in einer Selbsterfahrungsgruppe mit Hilfe des Psychodramas diese Situation eingeübt hatte, war ihm wahrscheinlich nicht bekannt. Prüfungen kommen erfahrungsgemäß immer dann, wenn man sich für etwas entschieden hat – dies sollte ich noch lange in Erinnerung behalten. Ich hatte sozusagen schon gepackt und wartete nur noch auf mein Visum als im August 1991 der Putsch in Moskau stattfand und mein Entschluss entsprechend geprüft wurde. Nicht genug der Prüfungen, in dieser ‚Wartezeit' erhielt ich noch drei Stellenzusagen von früheren Bewerbungen, eine davon an einer Universitätsnervenklinik unter der Leitung einer der führenden deutschen Psychiater. Auch dieser „Kelch“ zog vorüber und am 5. September 1991 ging es mit drei großen Koffern zunächst nach Moskau – ohne ein Wort russisch, aber voller Hoffnung und Zuversicht.

Im Rahmen dieser Arbeit kann ich leider nicht auf die vielen Erlebnisse und Begegnungen dieser erlebnisreichen acht Jahre eingehen. Ich hoffe, dass diese in einem anderen Zusammenhang veröffentlicht werden können. Blitzlichtartig sei nur erwähnt, dass ich zwar zunächst nach fünf Monaten wieder nach Deutschland zurückkam, aber nur um ein halbes Jahr später für insgesamt acht Jahre nach Russland zu reisen; dass viele Freundschaften mit wundervollen Menschen in diesen Jahren geschlossen werden konnten, die noch heute andauern; dass verschiedene politische und wirtschaftliche Krisen zu meistern waren; dass ich zunächst unbeabsichtigt in die wissenschaftlichen Kreise Russlands hineinkam und die stürmische und spannende Entwicklung der russischen Psychotherapie begleiten durfte; dass ich meine Frau, eine ehemalige Freundin aus Deutschland, dort näher kennen lernen durfte und wir schließlich heirateten; und dass unsere beiden Kinder zunächst in Moskau aufgewachsen sind und wir vielseitige Erfahrungen mit dem „russischen" Familienleben machten durften. Aber auch die Auseinandersetzung mit einer völlig fremden Kultur, anfänglich noch ohne Russischkenntnisse; die Begegnungen mit Hunderten von Menschen und das Kennenlernen ihrer Gedanken und Gefühle; die emotionale Wärme und Freundlichkeit von Menschen, die zu Freunden wurden; die Auseinandersetzung mit den russischen Weiten in Zugfahrten von über 70 Stunden oder 10-stündige Flugreisen bis nach Sachalin; der russische Winter, die unbeheizten Studentenwohnheime, in denen ich untergebracht worden war und die blutrünstigen Moskitos im Sommer seien nur der vollständigkeithalber erwähnt.

Anfang 1997 wurde mir vom führenden Psychotherapeuten Russlands[1], Herrn Prof. Dr. med. Boris D. Karwasarski, angeboten unter seiner Betreuung eine Habilitationsschrift basierend auf meinen Beobachtungen und Untersuchungen anzufertigen. Dies sollte sich als ein spannendes Projekt entwickeln, da es bisher derartige Arbeiten von „Westlern" kaum gegeben hatte. Auf die bürokratischen Hürden möchte ich in diesem Zusammenhang nicht eingehen, obwohl sie viel zum transkulturellen Verständnis beitragen können. Die Arbeit wurde vielleicht auch deshalb von Prof. Karwasarski ermutigt, da es in den 1990er Jahren keinen weiteren ‚westlichen' Psychotherapeuten und Psychiater in Russland gab und diese Beobachtungen als interessant betrachtet wurden. Gleichzeitig konnte ich mir durch eine intensive Seminar- und Lehrtätigkeit in über 30 Orten der ehemaligen UdSSR gewisse Erfahrungen in der Anwendung von Psychotherapie mir aneignen.

Das vorliegende Buch besteht aus mehreren Teilen:
- der Versuch einer psychologischen Beschreibung der russischen Gesellschaft aus der Sicht eines Psychotherapeuten,
- eine transkulturellen Untersuchung über Patienten, Psychotherapeuten und ihre therapeutische Beziehung im Kulturvergleich Deutschland und Russland,
- ausgewählte Patientenbeispiele (ab Seite 47, eignet sich gut zum Einstieg),
- die Beschreibung der Anwendung der Positiven Psychotherapie als Modell einer transkulturellen Psychotherapie, und
- Schlussfolgerungen für die Entwicklung einer transkulturellen Psychotherapie und Kriterien der transkulturellen Kompetenz von Psychotherapeuten.

Wesentliche Teile des vorliegenden Buches entstammen meiner Habilitationsschrift „Die Positive Psychotherapie als transkultureller Ansatz in der russischen Psychotherapie". Sie wurde am Nationalen Psychoneurologischen Bechterew Forschungsinstitut unter der Leitung von Prof. Dr. med. Boris D. Karwasarski angefertigt[2]. Für die deutsche Ausgabe wurden einige Kapitel modifi-

1. Sein offizieller Titel ist: Chef-Psychotherapeut des Gesundheitsministeriums der Russischen Föderation. Weiterhin ist Prof. Karwasarski der Gründer und Präsident der Russischen Psychotherapie-Gesellschaft (RPA) und Leiter der Abteilung für Psychotherapie und Neurosen des Nationalen Psychoneurologischen Bechterew-Forschungsinstituts in St. Petersburg (Direktor: Prof. Dr. med. Modest M. Kabanow).

ziert und entsprechend ergänzt. Die Patientenbeispiele stammen aus meiner klinischen Tätigkeit am American Medical Center in Moskau. Die Namen sind anonymisiert.

Meinem Kollegen, Herrn Privatdozent Dr. med. Dr. phil. Thomas Heise, bin ich für die ständige Ermutigung, meine russische Arbeit auch in deutscher Sprache zu veröffentlichen, sehr dankbar. Um so mehr freut es mich, dass er meinen Beitrag in die Reihe „Das transkulturelle Psychoforum" aufgenommen hat.

Falls diese Beobachtungen und Gedanken einen Beitrag zur Entwicklung einer transkulturellen Psychotherapie, mit der Ziel des Abbaues von Vorurteilen und einer Völkerverständigung, leisten können, hat dieses Buch sein Ziel erreicht.

Hamid Peseschkian
Wiesbaden, im Herbst 2001

2. Die öffentliche Verteidigung des Habilitationsverfahrens (Fachgebiete: Psychiatrie und medizinische Psychologie) zur Erlangung des Grades eines Doktors der medizinischen Wissenschaften fand am 24.12.1998 vor dem Wissenschaftsrat des Bechterew-Instituts in St. Petersburg statt. Die staatliche Anerkennung durch das zuständige russische Bundesministerium (WAK) in Moskau erfolgte am 3.9.1999. Die Erlaubnis den Titel „Dr. med. habil." in Deutschland zu führen, erfolgte durch das Hessische Ministerium für Kunst und Wissenschaft am 3.3.2000.

Danksagung zur russischen Ausgabe (1998)

Man hatte einen Elefanten zur Ausstellung bei Nacht in einen dunklen Raum gebracht. Die Menschen strömten in Scharen herbei. Da es dunkel war, konnten die Besucher den Elefanten nicht sehen, und so versuchten sie, seine Gestalt durch Betasten zu erfassen. Da der Elefant groß war, konnte jeder Besucher nur einen Teil des Tieres greifen und es nach seinem Tastbefund beschreiben. Einer der Besucher, der ein Bein des Elefanten ergriffen hatte, erklärte, dass der Elefant wie eine starke Säule sei; ein zweiter, der die Stoßzähne berührte, beschrieb den Elefanten als spitzen Gegenstand; ein dritter, der das Ohr des Tieres ergriff, meinte, er sei einem Fächer nicht unähnlich; der vierte, der über den Rücken des Elefanten strich, behauptete, dass der Elefant so gerade und flach sei wie eine Liege.

(Orientalische Geschichte nach Mowlana, zitiert in: N. Peseschkian, 1977)

Die heutige Situation in der Psychotherapie ähnelt in vieler Hinsicht dieser Szene: Jeder der Besucher sieht etwas, doch sieht nicht jeder alles. Jede psychotherapeutische Schule oder Richtung betrachtet den Menschen unterschiedlich, je nach ihrem Menschenbild. Jeder Psychotherapeut hat einen anderen therapeutischen Ansatz, und jede Behandlung unterscheidet sich von der anderen. Die transkulturelle Psychotherapie ist ein relativ junges Fachgebiet, und – um mit der Geschichte zu sprechen – es herrscht eine gewisse Dunkelheit in dem Raum der kulturellen Faktoren und Einflüsse auf die Psychotherapie und Medizin. Wir alle sind Studierende der transkulturellen Aspekte der Psychotherapie und sind auf die „Beobachtungen" und Beiträge der anderen angewiesen. Auf den ersten Blick mag es einen verwundern, weshalb ein „Ausländer" (d.h. ein Nicht-Russe) eine Arbeit in Russland über die russische Psychotherapie verfasst. Wenn wir aber auf die Geschichte mit dem Elefanten Bezug nehmen, dann kann eine neue Sichtweise nur bereichernd wirken, ungeachtet der Tatsache, wer diesen Beitrag einbringt. Falls diese Arbeit eine weitere, neue Sichtweise anbieten und somit zur weiteren Entwicklung der Psychotherapie in Russland beitragen kann, so hat sie ihr Ziel erreicht.

Um sich mit ‚transkulturellen Aspekten der Psychotherapie in Russland' wissenschaftlich auseinander zu setzen bedarf es des Mutes, der Ausdauer, der Opferbereitschaft und der Zuversicht – nicht nur von Seiten des Autors. Die Anfertigung einer derartigen Arbeit kann man durchaus mit der Geburt eines Kindes vergleichen. Auch mussten zahlreiche „transkulturelle" Herausforderungen bei der Anfertigung dieser Arbeit überwunden werden.

Herrn Prof. Dr. med. Boris D. Karwasarski bin ich für die Überlassung des Themas und das Angebot, unter seiner Leitung diese Arbeit anzufertigen, zu großem Dank verpflichtet. Während der gesamten Zeit hat er an mich und meine Arbeit geglaubt, mich in jeder Hinsicht unterstützt und mich mit viel Geduld in die Geheimnisse der russischen Bürokratie eingeweiht. Ohne seine Ermutigung und Unterstützung wäre diese Arbeit nicht möglich gewesen. Einen besseren „Doktorvater" kann ich mir kaum vorstellen.

Meinen Kolleginnen und Kollegen in Russland und Deutschland bin ich für die positive Zusammenarbeit und für die vielen Anregungen sehr dankbar, die ich im Laufe der letzten Jahre machen und sammeln durfte.

Meinem Vater, Herrn Prof. e.h. Dr. med. Nossrat Peseschkian, danke ich für das Heranführen an das transkulturelle Denken und die psychotherapeutische Arbeit. Auch hat er mich während meiner Zeit in Russland in vielfältiger Art und Weise unterstützt.

Frau Dr. med. Tatjana Kulitschenko, Moskau, hatte die schwierige Aufgabe, das deutsche Originalmanuskript ins Russische zu übersetzen, und wieder einmal hat sie ihr großes Können bewiesen – trotz eigener Schwangerschaft im 10. Monat.

Meiner Schwägerin, Frau Shida Peseschkian, MBA, Wiesbaden, bin ich für die große Unterstützung bei der statistischen Auswertung der deutschen Teilnehmer – bei eigener Schwangerschaft im 7. Monat – sehr dankbar.

Frau Diplom-Psychologin Dr. Karin Tritt danke ich für die statistische Auswertung der Ergebnisse an der Universität Erlangen-Nürnberg. Ohne die modernen Kommunikationstechniken hätten die Daten kaum ständig zwischen Deutschland und Russland hin und her geschickt werden können.

Frau Haide Faridani, Germanistin, danke ich für die Durchsicht und Hilfe bei der Korrektur des deutschen Manuskriptes. Ihre Anregungen waren sehr hilfreich.

Meinem Freund und Kollegen, Herrn Diplom-Sozialpädagogen Gunther Hübner, Familientherapeut, danke ich für die kritische Durchsicht des ersten Manuskriptes und seine Anregungen.

Meiner Frau Barbara danke ich für die Unterstützung während dieser Schaffungsperiode. Es war nicht immer einfach – bei zwei kleinen Kindern -, die notwendige Ruhe und Zeit für diese Arbeit zu finden. Auch wir haben eine Schwangerschaft mit anschließender Geburt während dieser Periode erlebt.

Mein ganz besonderer Dank gilt all den russischen Übersetzerinnen (und einigen Übersetzern), die mit mir seit 1991 viel Geduld hatten und die mit und neben mir in vielen Vorträgen und Seminaren übersetzt haben. In dieser engen Zusammenarbeit habe ich viel über die Menschen in Russland (zu schätzen) gelernt.

Auch ist es mir ein Bedürfnis den vielen Menschen zu danken, die mir geholfen haben, mich in Russland heimisch zu fühlen und durch ihre emotionale Wärme die sibirischen Winter erträglich gemacht haben.

Hamid Peseschkian, Moskau, im Januar 1998

Kapitel 1: Warum Psychotherapie transkulturell sein muss

„Tempora mutantur nos et mutamur in illis"
(Die Zeiten ändern sich, und wir ändern uns mit ihnen)

Einführung

Unsere Welt hat sich verändert. Zum ersten Mal in der Geschichte der Menschheit ist eine globale, vernetzte Gesellschaft im Entstehen, deren Hauptmerkmal ihre kulturelle Vielfalt ist. Wir leben – ob im Westen, im Osten oder dazwischen – in einer sich zunehmend öffnenden, multikulturellen Gesellschaft, entstanden durch wirtschaftliche Abhängigkeit, technische Kommunikationsmittel, wissenschaftliche Zusammenarbeit, Zunahme von Migration, einer wachsenden Mobilität des Einzelnen, Schließung interkultureller Ehen, Erleichterung von Reisemöglichkeiten und viele andere Faktoren. Der Prozess der Globalisierung – nicht nur auf der politischen, sondern vor allem auf der mentalen Ebene – geht nicht ohne Herausforderungen vor sich. Es wird diskutiert, dass nach Beendigung des ‚kalten Krieges' die meisten Weltprobleme kultureller Art sein werden, und dass der Unterschied zwischen individualistischen und kollektivistischen Kulturen zu größeren Spaltungen führen kann (Huntington, 1997). Diese wachsende kulturelle Vielfalt stellt uns alle vor große Herausforderungen. Wir haben die Aufgabe unseren Fachrichtungen durch die Einbeziehung ethnisch-kultureller Aspekte eine neue Richtung zu geben, so dass sie den Anforderungen der heutigen Zeit angemessen begegnen können. Die Berücksichtigung des Faktors ‚Kultur' in Medizin und Psychotherapie erfordert allerdings ein Umdenken – von einer monokulturellen Betrachtungsweise hin zu einer multikulturellen.

Untersuchungen haben die Bedeutung kultureller Faktoren für das Verständnis, die Diagnosestellung, die Epidemiologie, den Verlauf und die Behandlung psychischer Erkrankungen herausgestellt (Taschlikov, 1984; van Quekelberghe, 1991; Dmitrieva, 1994b; Wied et al., 1995; Mezzich et al., 1996; Churkin, 1997; Kondraschenko u. Donskoi, 1997; Mendelevich, 1997; Polozhy, 1997b; Heise, 1998), ist doch die Diagnose selbst bereits einer kulturellen Wertung unterworfen. Sie stellt die Interpretation – die des Arztes – einer anderen Interpretation dar: nämlich der Wahrnehmung des Patienten, basierend auf seinem kulturellen Verständnis. Wir können Krankheiten nur „im Kontext der konkreten Kultur und der konkreten historischen Periode, in der sie auftreten" verstehen (Polozhy, 1997a). Der Rahmen, in dem nun die ‚therapeutische Begegnung' zwischen Arzt und Patient stattfindet, hat sich verändert, so dass wir heute, im Zeitalter multikultureller Gesellschaften und Globalisierung, bereits an dieser Stelle vom Ende der Ära monokultureller Psychotherapien sprechen können.

In unserer heutigen, weitgehend westlich geprägten Psychiatrie und Psychotherapie haben kulturelle (und geistig- religiöse) Faktoren bisher kaum Eingang gefunden. So sind zum Beispiel in den Klassifikationssystemen DSM-III und DSM-III-R[3] kulturelle Faktoren kaum berücksichtigt worden (Mezzich et al., 1996; Polozhy, 1997a). Aber auch bei der Aufstellung und Überprüfung psychologischer Theorien spielen kulturelle Variablen nach wie vor keine zentrale Rolle (van Quekelberghe, 1991). Diese fehlende ‚kulturelle Sensitivität' (Kleinmann, 1996) hat zu Fehldiagnosen geführt, insbesondere bei ethnischen Minderheiten (Parron, 1982; Good, 1993), so dass sich in den 1960er Jahren zunächst die Minderheitenpsychiatrie entwickelte, die man wohl zu Recht als Vorläufer der kulturellen und transkulturellen Psychiatrie bezeichnen kann. Angesichts der Tatsache, dass 80 % der Weltbevölkerung nicht in westlichen Staaten leben, muss die zunehmende multikulturelle Vielfalt unausweichlich zu einer Relativierung bisheriger psychiatrischer Krankheitsmodelle und Auffassungen führen. In den Worten von Collatz (1998): „Dem wird sich auch die Medizin – sogar die deutsche – und somit auch die Psychologie, Psychiatrie und Psychotherapie stellen müssen."

In Russland, einem Land mit 89 Bundesstaaten, von denen 21 (autonome) Republiken sind, ist dies von besonderer praktischer Bedeutung, da über 150 Nationalitäten, 19 ethnische Gruppen und 7 ethno-linguistische Familien (Polozhy, 1997a) zusammenleben und der Psychotherapeut auf diese Vielfalt eingehen muss (Semke, 1995; Stoljarova et al., 1995). Die nicht-russische Bevölkerung macht circa ein Fünftel aus, das heißt 27 Millionen Menschen, deren Lebensumstände und kulturellen Eigenarten sich deutlich von denen der Mehrheit unterscheidet. Besonders auffällig ist dies bei den sogenannten völkischen Minderheiten (wie zum Beispiel Eskimos, Jewenki, Mansi, Chanti, Tschuktschi und andere). Verschiedene Untersuchungen russischer Psychiater haben die Wichtigkeit eines transkulturellen Ansatzes bei dem Diagnostizieren psychiatrischer Erkrankungen aufgezeigt (Minevich u. Baranchik, 1994; Muratova et al., 1994; Popov, 1995; Semke, 1996) und auf die kulturellen Besonderheiten in Bezug auf bestimmte Störungen und Erkrankungen, wie zum Beispiel Alkoholismus (Muratova u. Siderov, 1994) oder Suizid hingewiesen. Kulturelle Aspekte sind bisher in der sowjetisch-russischen Psychotherapie und Psychiatrie kaum berücksichtigt worden, aber es gibt mittlerweile erste hoffnungsvolle Ansätze, wie zum Beispiel das wissenschaftliche Programm des Staatlichen Serbsky Forschungsinstituts für Sozial- und Forensische Psychiatrie in Moskau über „Psychische Gesundheit der Völker Russlands". In jüngster Zeit sind von russischen Fachleuten transkulturelle Untersuchungen neuropsychiatrischer Störungen als die zentrale Frage der heutigen Probleme psychischer Gesundheit bezeichnet worden (Semke u. Galaktionov, 1997).

Medizinhistorisch betrachtet stammen die ersten neuzeitlichen Ansätze zu einer „Vergleichenden Psychiatrie" von dem deutschen Psychiater Emil Kraepelin aus dem Jahre 1904. Als erste systematisch angelegte Untersuchung zum Kulturvergleich psychischer Krankheiten ist seine damalige Studie auf Java in die Geschichte der Psychiatrie eingegangen. Seit diesen ersten Arbeiten sind zahlreiche weitere Untersuchungen durchgeführt, Gesellschaften gegründet und Kongresse abgehalten worden, auf die in diesem Zusammenhang nur verwiesen werden kann (Triandis u. Lambert, 1980; Adler, 1993; Pfeiffer, 1994; Heise, 1998). Vor allem aus den USA ist seit den 1990er Jahren eine Bewegung hervorgegangen, deren Vertreter propagieren (Ponterotto et al., 1995), dass neben den drei Hauptrichtungen Psychoanalyse, Behaviorismus und humanistische Psychologie die multikulturelle Beratung (engl. multicultural counseling) als „vierte Kraft" (engl. Fourth Force) in der Psychologie und Psychotherapie angesehen werden muss (Pedersen, 1991).

---

3. Das Diagnostische und Statistische Manual Psychischer Störungen (DSM) der Amerikanischen Psychiatrischen Vereinigung (APA) ist neben der Internationalen Klassifikation von Erkrankungen (ICD) der Weltgesundheitsorganisation das führende Klassifikationssystem. In der 1994 in den USA erschienen Auflage DSM-IV (in Deutschland 1996) wurde im Vergleich zu früheren Auflagen, auch mit Rücksicht auf die Übersetzung in viele Sprachen, mehr Gewicht auf die interkulturelle Anwendbarkeit gelegt. Jedes Kapitel enthält einen Absatz, der Besonderheiten in der Ausdrucksform oder der Bedeutungszuschreibung der Störung in verschiedenen Kulturkreisen zusammenfasst. Im Anhang findet sich ein Leitfaden für die Beurteilung kultureller Einflussfaktoren sowie ein Glossar kulturabhängiger Syndrome (Saß et al., 1996). (Anmerkung: der kulturelle Leitfaden umfasst 8 Seiten bei 967 Seiten des Gesamtwerks DSM-IV). Inhaltlich gibt es jedoch keine sehr dramatischen Umbrüche von DSM-III-R zu DSM-IV (Thangavelu u. Martin, 1995).

In den letzten Jahren sind zugleich die Grenzen der traditionellen Psychotherapie, vor allem der klassischen Psychoanalyse, deutlich geworden, und damit hat auch die Kritik an der Psychotherapie zugenommen. Es wird vom „Ende einer Deutungsmacht" gesprochen und dass „das Unternehmen Psychoanalyse nach einem Jahrhundert die Seele zu Ende analysiert hat" (Pohlen u. Bautz-Holzherr, 1995). Die Kritik richtet sich sowohl gegen die Theorie als auch gegen die praktische Anwendung der Methode. Neben der zunehmenden Mündigkeit und Informiertheit der Patienten hat zudem die gegenwärtige Krise im Gesundheitswesen mit den notwendigen finanziellen Einsparungen die Frage nach der Effektivität von Psychotherapie (Grawe et al., 1994), insbesondere der Langzeit-Einzeltherapie, aktualisiert. In Deutschland sind psychotherapeutische Behandlungen mit über 100 Sitzungen keine Seltenheit; auch sind 5-10jährige psychoanalytische Behandlungen mit bis zu über 1000 Sitzungen durchgeführt worden.

In Russland[4] ist die multikulturelle Gesellschaft eine Jahrhunderte alte Realität, auch wenn versucht worden ist, diese auszulöschen, um aus einem Vielvölkerstaat eine monokulturelle Gesellschaft zu errichten. Interessant ist in diesem Zusammenhang, dass die Präambel der neuen russischen Verfassung von 1993 mit dem Satz beginnt: „Wir, das multinationale Volk der Russischen Föderation..." (Russische Föderation, 1996). Russland ist somit sozusagen per Gesetz eine multikulturelle Gesellschaft. Die politischen und gesellschaftlichen Veränderungen in Mittel- und Osteuropa, vor allem seit 1989, haben nicht nur das Interesse von Geschäftsleuten, sondern auch von westlichen Psychologen, Psychotherapeuten und Psychiater an diesen Ländern wachsen lassen und den Begriff der Übergangs- oder Umbruchsgesellschaften (engl. transitional societies) geprägt. Die Kulturabhängigkeit der Psychotherapie bedingt, dass wir aufgrund dieser gesellschaftlichen Veränderungen, die noch längst nicht abgeschlossen sind, von einer neuen Ära der Psychotherapie und Psychiatrie in Russland sprechen müssen (Makarov, 1998). Diese neue Ära wurde in Russland, ebenso wie im übrigen Osteuropa, aber auch in den „Entwicklungsländern"[5], vom Import westlicher Psychotherapien geprägt, der nach einem ‚Psycho-Boom' zu einem wahren ‚Psycho-Markt' geführt hat, welcher selbst für den Fachmann nicht mehr überschaubar ist. Psychologische Methoden werden aus dem Westen, vor allem aus den USA, die als „einzige psychologische Weltmacht" beschrieben worden ist (Moghaddam, 1987), importiert, ohne dass häufig ihre Eignung und Wirkung berücksichtigt und bedacht werden. Ähnliches kann auch von der Ausbildung von Fachleuten gesagt werden, die im Westen nach dort gültigen Normen ausgebildet wurden beziehungsweise werden und in ihrem Heimatland das Erlernte nur schwer anwenden können. In diesem Zusammenhang unterscheidet Moghaddam (1987) zwischen drei Psychologie-Welten: Zur ersten Welt gehören nach seiner Auffassung einzig und allein die USA, die bis heute in Bezug auf die Psychologie bei weitem das stärkste Hersteller- und Exportland sind. In der zweiten Welt firmieren Industrienationen wie Japan, Italien, die (damalige) BRD oder die (damalige) Sowjetunion. An dritter Stelle sind die zahlreichen Länder, die in einer mehr oder weniger starken Entwicklung in Richtung einer modernen Wirtschaftsordnung begriffen sind. Zu dieser Gruppe zählen die meisten Länder aus Asien, Afrika und Lateinamerika. Diese globale Tendenz wurde sogar mit einer „psychologischen Kolonisierung" gleichgesetzt (Moghaddam u. Harre, 1995). Die Problematik besteht im Grunde in allen Staaten außerhalb der USA, und selbst Westeuropa muss

---

4. Mit den Begriffen „Russland", „Russen" und „russisch" ist nicht nur die ethnische Gruppe der Russen, sondern immer alle in Russland lebenden Völker gemeint, d.h. die Bewohner Russlands.
5. Man fragt sich manchmal, wer wohl eher ein Entwicklungsland darstellt: die Länder, die materiell sich (noch) nicht so weit entwickelt haben, oder eher die Länder, die emotionale, soziale oder geistige Defizite haben.

sich hiermit auseinandersetzen. In den letzten Jahren gibt es vermehrt Arbeiten über diese Fragestellung, vor allem aus asiatischen Staaten, deren Erfahrungen hilfreich sein können (Hoch, 1990; Kang, 1990; Rhee, 1990; Kakar, 1994; Rhee, 1994).

Verschiedene Arbeiten haben sich mit der psychotherapeutischen Tätigkeit in Russland und anderen Staaten der ehemaligen UdSSR beschäftigt, die sowohl die Besonderheiten aber auch die Schwierigkeiten, im ‚Hier und Jetzt' Psychotherapie zu betreiben, darstellen (Karvasarsky, 1993; Semyonova, 1994; Laurinaitis, 1994; Kondraschenko u. Donskoi, 1997[6]). Das post-sowjetische Erbe teilt Russland mit anderen Staaten, aber seine Einzigartigkeit und besondere Situation sind häufig verkannt beziehungsweise nicht ausreichend beschrieben worden. Viele Arbeiten kommen über eine Analyse nicht hinaus und beschäftigen sich vorwiegend damit, was Russland vom Westen lernen könnte. Sie vernachlässigen dabei den Einfluss, den die russische Psychotherapie auf die ‚Welt der Psychotherapie' nehmen kann. Dabei wird häufig nicht erkannt, dass auch die westliche Psychiatrie und Psychotherapie einer Reform bedürfen und eine reine Übernahme der westlichen Psychiatrie neben der Übernahme westlichen Erfolges auch die westlicher Fehler bedeuten würde (Fulford, 1997).

Die hier angewandte und untersuchte Positive Psychotherapie ist aus transkulturellen Beobachtungen in über 20 Kulturen hervorgegangen und auf ein multikulturelles Setting anwendbar. Sie kann als transkulturelle Psychotherapiemethode mit humanistischem Menschenbild und psychodynamischem Krankheitsverständnis definiert werden, die verhaltenstherapeutische Techniken und Elemente verwendet. In Deutschland zählt sie zu den tiefenpsychologisch fundierten Psychotherapieverfahren. In Russland wird diese ressourcen-orientierte Kurzzeittherapie seit 1989 angewandt und sie gehört mittlerweile zu den verbreitesten Methoden (Barash, 1993a; Burno, 1995; Sidorov u. Pankov, 1998). In den letzten zehn Jahren war es möglich, die Positive Psychotherapie in Russland anzuwenden und sie an die lokalen Bedingungen anzupassen (H. Peseschkian, 1993a). Daher lag es nahe, die Erfahrungen in der Anwendung dieser Methode in der multikulturellen russischen Gesellschaft zu überprüfen.

Die vorliegende Arbeit soll auch an die über 300jährige Zusammenarbeit zwischen deutschen und russischen Psychiatern erinnern, die nicht nur als positiv, sondern als einzigartig im europäischen Maßstab bezeichnet worden ist (Karkos, 1994). Danach vertraten die Historiker des 18. und 19. Jahrhunderts die Auffassung, dass die Zusammenarbeit zwischen russischen und deutschen Wissenschaftlern viel erfolgreicher gewesen wäre, wenn die Deutschen ihre traditionelle Nichtbeachtung der russischen Wissenschaft aufgegeben und die Russen ihrerseits die starre Haltung der Selbständigkeit nicht um jeden Preis verteidigt und praktiziert hätten. Vielleicht kann die vorliegende Arbeit auch einen kleinen Beitrag zur Fortsetzung und Wiederbelebung dieser historischen Zusammenarbeit leisten.

Die Aktualität dieser Untersuchung besteht somit zum einen in der Auseinandersetzung mit dem Konzept der transkulturellen Psychotherapie und ihrer möglichen Anwendung in Russland – dargestellt am Beispiel der Positiven Psychotherapie als einer transkulturellen Methode –, und zum anderen in der Analyse der Besonderheiten und Einzigartigkeiten, in der heutigen russischen Gesellschaft psychotherapeutisch zu arbeiten. Diese Arbeit versucht, den Begriff der Psychotherapie zu erweitern und auf die Wichtigkeit kultureller Faktoren in der Psychotherapie und Psychiatrie hinzuweisen. Sie beschäftigt sich mit den Besonderheiten der Arzt-Patient-Beziehung im

6. Ein sehr guter Überblick über die Geschichte der Psychoanalyse in Russland, die ja eng mit der Geschichte der Psychotherapie zusammenhängt, bei A. Etkind (1996).

heutigen Russland und ihrem Einfluss auf beide (Patient und Arzt). Mit der wachsenden Multikulturalität unserer (globalen) Gesellschaft und den zunehmenden inter- und intrapersonellen Problemen stellt sich zunehmend die Frage nach einem geeigneten psychotherapeutischen Ansatz für unsere Weltgesellschaft. Die Arbeit hat somit nicht nur theoretische Konsequenzen, sondern vor allem praktische, für die Arbeit mit Patienten, und für die Ausbildung von Ärzten im Bereich Psychotherapie und Psychiatrie. Auch kann sie vielleicht eine konkrete Unterstützung für Kollegen bieten, die mit im Ausland lebenden Russen therapeutisch arbeiten.

Zum Begriff „Transkulturelle Psychotherapie“

„Die Probleme, die es in der Welt gibt,
können nicht mit den gleichen Denkweisen
gelöst werden, die sie verursacht haben.“
(Albert Einstein)

Wie die spezielle Richtung der Psychiatrie und Psychotherapie, die uns hier beschäftigt, zu benennen sei, darüber gab es lange Diskussionen, die auch bis heute noch nicht abgeschlossen sind (vergleiche Pfeiffer, 1994; gute Übersicht über die Entwicklung der Transkulturellen Psychotherapie auch bei Heise, 1998). Der Begriff „Vergleichende Psychiatrie“ stammt von Kraepelin (1904a,b) und wurde später von anderen wieder aufgegriffen (Petrilowitsch, 1967; Yap, 1974; Murphy, 1982). Der von Wittkower geprägte Begriff „Transkulturelle Psychiatrie“ hat international die größte Verbreitung erfahren, sowohl in Publikationen als auch in Fachorganisationen, wie z.B. der World Psychiatric Association durch die Errichtung einer Sektion ‚transkulturelle Psychiatrie‘. Nach Wittkower u. Rin (1965) stellt die transkulturelle Psychiatrie den Zweig der Sozialpsychiatrie dar, der sich mit dem kulturellen Aspekt der Entstehung, Häufigkeit, Form und Therapie der psychischen Störungen in verschiedenen Kulturen befasst. Die Vorsilbe „trans“ (lat.: durch, hinüber, nach, darüber hinaus, jenseits) (Duden, 1990) verweist auf einen kulturübergreifenden Standpunkt, obwohl es zunächst wichtig ist, den Patienten und sein Krankheitsbild aus der eigenen Kultur heraus zu verstehen. Im Amerikanischen hat sich vorwiegend der Begriff “cross-cultural” etabliert, der uns jedoch sprachlich nicht weit genug gefasst ist, obwohl möglicherweise das gleiche gemeint ist. In diesem Zusammenhang wurden auch Begriffe wie „Ethnopsychiatrie“ und „Ethnopsychoanalyse“ (Devereux, 1961; Wulff, 1978), „Kulturpsychiatrie“, „kulturbezogene“ beziehungsweise „kulturorientierte Psychiatrie“ und „Anthropologische Psychiatrie“ eingeführt (vergleiche Pfeiffer, 1994). Wichtige Gemeinsamkeiten verbinden die transkulturelle Psychiatrie mit der transkulturellen Psychologie; letztere wurde umfassend von Triandis u. Lambert (1980) und van Quekelberghe (1991) dargestellt. Die „kulturelle Psychologie“ (Price-Williams, 1980) erweitert das Verständnis der kulturvergleichenden Psychologie und beschäftigt sich mit dem soziokulturellen Kontext eines beliebigen psychologischen Prozesses. Auch wurde der Begriff des “Multicultural Counseling” von amerikanischen Psychologen geprägt (siehe Ponterotto et al., 1995), definiert als eine Beratung, die entweder zwischen oder mit Personen verschiedener kultureller Hintergründe stattfindet (Jackson, 1995) (zur Geschichte des “multicultural counseling” siehe Jackson, 1995). Zunehmend werden auch Arbeiten über die Anwendung der Psychoanalyse im interkulturellen Feld publiziert (vgl. Möhring u. Apsel, 1995). In der deutschsprachigen Psychotherapie haben Wissenschaftler wie Nossrat Peseschkian (1974) und andere den Begriff der

„Transkulturellen Psychotherapie" verwendet und verbreitet. Sie etabliert sich jedoch erst langsam als Subspezialität und stellt noch kein eigenständiges Fach dar, zumindest nicht im deutschsprachigen Raum.

Welcher dieser Begriffe oder gar ein neuer sich schließlich weltweit etablieren wird, ist zwar sprachlich von Interesse, aber inhaltlich lässt sich feststellen, dass alle verwendeten Begriffe im wesentlichen das gleiche beschreiben wollen: Die Beobachtung, Anerkennung, Erfassung, Berücksichtigung und der Einfluss kultureller Faktoren i.w.S. auf den Patienten, den Therapeuten und die therapeutische Beziehung. Wir verwenden in dieser Arbeit den Begriff der „Transkulturellen Psychotherapie", der sich mittlerweile im Deutschen und Russischen etabliert und verbreitet hat, sind uns jedoch der Tatsache bewusst, dass dies solange ein Übergangsbegriff ist, bis jeder psychotherapeutische Ansatz kulturelle Faktoren berücksichtigt und jede Form von Psychotherapie transkulturell sein wird. Das gleiche gilt für andere Disziplinen, insbesondere für die Psychiatrie. Polozhy (1997a) kommt zu dem Schluss, dass „klinische Psychiatrie immer kulturelle Psychiatrie darstellt". Transkulturelle Psychotherapie muss in diesem Sinne als übergreifender Begriff verstanden werden und nicht nur als ein Vergleich zwischen verschiedenen Kulturen. Im Grunde geht es um die kulturelle Dimension menschlichen Verhaltens. Nach C. Kagitcibasi u. Berry (1989) können die Ziele und Inhalte der transkulturellen Psychologie wie folgt beschrieben werden: „... Die transkulturelle Psychologie zielt auf die Erforschung der Ähnlichkeiten und Unterschiede des individuellen psychosozialen Handelns in verschiedenen Kulturen und ethnischen Gruppen. Sie versucht, systematische Beziehungen zwischen a) psychologischen Variablen des Individuums und b) kulturellen, sozialen, ökonomischen und soziologischen Variablen der Bevölkerung zu entdecken ...". Nach Van Quekelberghe (1991) macht diese Zielbeschreibung deutlich, dass sich die transkulturellen Psychologen nicht mehr allein mit Korrelationsstudien zwischen individuellem Verhalten und einzelnen soziokulturellen Merkmalen begnügen wollen, sondern auch dynamische Interaktionen zwischen Individuen und einer Vielfalt soziokultureller Einflussfaktoren in verstärktem Maße angehen möchten.

Die Rede von einer transkulturellen oder kulturorientierten Psychotherapie wird nur sinnvoll, wenn zugleich gesagt wird, was unter dem Wort „Kultur" zu versehen ist. Interessanterweise ist der Kulturbegriff selbst auch kulturabhängig. In diesem Zusammenhang wollen wir nur zwei Definitionen anführen: Nach Pfeiffer (1994) „ist mit Kultur ein Komplex gemeint, der überlieferte Erfahrungen, Vorstellungen und Werte umfasst sowie gesellschaftliche Ordnungen und Verhaltensregeln. Es geht um die Kategorien und Regeln, mit denen die Menschen ihre Welt interpretieren und woran sie ihr Handeln ausrichten." Kleinmann (1996) spricht davon, dass Kultur aus lokalen Welten der tagtäglichen Erfahrungen besteht. Kultur wird durch die alltäglichen Muster der Alltagshandlungen erkannt. Wir verwenden hier einen umfassenden Kulturbegriff, der neben kulturellen, auch ethnische, geistige, nationale und rassische Aspekte umfasst.

In dieser Arbeit wird unter dem Begriff transkulturelle Psychotherapie mehr als die Anwendung von Psychotherapie in verschiedenen Kulturen oder bei Migranten verstanden. In zunehmenden Maße sind menschliche Konflikte kulturell bedingt, d.h. sie sind auf kulturell bedingte Missverständnisse zurückzuführen. Diese haben im Zeitalter der Globalisierung und Technologisierung auch eine sozio-politische Dimension. Auch geht es darum, Gemeinsamkeiten und Unterschiede in der Arbeit mit Menschen aus unterschiedlichen Kulturen herauszuarbeiten und diese bewusst zu machen. Wie diese Veränderungen für die bisher stark westlich geprägte Psychotherapie aussehen werden, vor allem wenn Kulturen, wie die Russlands oder Chinas, sich verstärkt einbringen werden, kann heute nicht einmal erahnt werden. Gleichzeitig bedeutet transkulturelle

Psychotherapie eine Vorgehensweise zu entwickeln, die kulturübergreifend bei Menschen eingesetzt werden kann und trotzdem ihrer Individualität gerecht wird (eine Art ‚Einheit in der Vielfalt‘). Aus der Sicht der Positiven Psychotherapie bedeutet Transkulturelle Psychotherapie zunächst eine Antwort auf die beiden Grundfragen: Was haben alle Menschen gemeinsam? Wodurch unterscheiden sie sich? Weiterhin werden dem Patienten Beispiele aus anderen Kulturen gebracht, um ihm zu helfen, seinen eigenen Standpunkt zu relativieren und sein Verhaltensrepertoire zu erweitern (vgl. N. Peseschkian, 1991b).

Kapitel 2: Ziel, Aufgaben und Methodik der vorliegenden Arbeit

Die in diesem Kapitel aufgezählten Ziele, Aufgaben und Neuheiten dieser Arbeit werden in dieser Form für Habilitationsschriften in Russland gefordert. Da sie jedoch auch einen guten Überblick über die Inhalte dieser Arbeit geben, sind sie hier weitgehend übernommen worden.

Ziel der Untersuchung

Das wesentliche Ziel der vorliegenden Arbeit war die Untersuchung der Eigenarten und Bedingungen der Psychotherapie in Russland aus transkultureller Sicht, auf der Grundlage der Methode der Positiven Psychotherapie.

Aufgaben der Untersuchung

- Beschreibung der Grundlagen und Techniken der Positiven Psychotherapie als einer in Russland angewandten transkulturellen psychotherapeutischen Methode
- Beschreibung und Beurteilung der Wirksamkeit der Positiven Psychotherapie im transkulturellen Vergleich (Russland – Deutschland)
- Beschreibung der psychotherapeutischen Situation und Tätigkeit in Russland und ihrer spezifischen Herausforderungen unter dem transkulturellen Gesichtspunkt
- Erarbeiten von Kriterien für ein Psychotherapie-Modell, welches die Besonderheiten und Einzigartigkeiten der russischen Mentalität und Gesellschaft berücksichtigt, um effektiv sein zu können.
- Beschreibung des therapeutischen Prozesses und seiner Komponenten in Russland unter dem transkulturellen Gesichtspunkt (Anforderungen an Therapeut, Patient und an die therapeutische Beziehung).
- Schlussfolgerungen für die Ausbildung transkulturell kompetenter Psychotherapeuten und Psychiater

Hauptthesen der Arbeit

- Die Positive Psychotherapie ist eine wirksame Methode, die im transkulturellen Umfeld angewandt wird und besonders effektiv bei der Behandlung psychosomatischer, neurotischer und Persönlichkeitsstörungen ist.
- Aufgrund der zunehmenden Globalisierung und der Zunahme multikultureller Gesellschaften wird die Psychotherapie des 21. Jahrhunderts eine transkulturelle sein. Psychotherapie im 21. Jahrhundert wird mehr im Sinne der Lebensberatung, -begleitung, Erziehung und Vorbeugung zu verstehen sein, und weniger als Therapie krankhafter Störungen. Psychotherapie und ihre Therapeuten müssen sich viel stärker als bisher gesellschaftlich engagieren und zum inneren und äußeren Frieden beitragen. Psychotherapie hat nichts mehr im ‚Elfenbeinturm‘ verloren – sie gehört auf die ‚Strasse‘.

- Transkulturelle Psychotherapie benötigt ein neues Menschenbild, welches die Einzigartigkeit des Einzelnen und seiner Kultur berücksichtigt. Besonders im multikulturellen Russland kann eine monokulturelle Psychotherapie dieser Einzigartigkeit kaum gerecht werden. Die Positive Psychotherapie bietet durch ihr positives, humanistisches Menschenbild eine neue Sichtweise, die sich in der klinischen Praxis in Russland als erfolgreich erwiesen hat.
- Der psychotherapeutische Prozess in Russland unterscheidet sich (grundlegend) von der westlichen Psychotherapie. Ohne Modifikationen und Berücksichtigung der sozialen, kulturellen und historischen Besonderheiten der russischen Gesellschaft können westliche Methoden nicht erfolgreich angewandt werden. Durch die Identifizierung und Beschreibung der Wirkungsfaktoren im psychotherapeutischen Prozess können Schlussfolgerungen für die therapeutische Arbeit in Russland gezogen werden.
- Die Positive Psychotherapie, die eine Integration von westlicher und östlicher Psychotherapie darstellt, kann nicht nur als eine transkulturelle Methode betrachtet werden, sondern als eine, die sich insbesondere im russischen Setting als wirksam gezeigt hat. Durch ihre neue Sichtweise, die angewandten Techniken und Methoden kann sie sowohl als Kurzzeittherapie aber auch als Beratungsmethode eingesetzt werden.
- Psychotherapeuten und Psychiater müssen sich transkulturelle Kompetenz aneignen, um in einer multikulturellen Gesellschaft wirksam tätig sein zu können. Dies hat direkte Konsequenzen für die Aus- und Weiterbildung von Ärzten und anderen Fachleuten.

Material und Methodik der Arbeit

„Man sagt uns nach, dass die russische Versuchung niemals ganz aufgehört habe, das deutsche Gemüt zu bedrängen."
Klaus Harprecht (2001)

Die vorliegende Arbeit basiert auf den Ergebnissen von zehn Jahren theoretischer und praktischer Tätigkeit des Autors, davon acht Jahre in Russland und versucht, qualitative und quantitative Resultate miteinander zu verbinden. Sie basiert auf folgenden Materialien und Methoden:

Material aus Seminaren

Seit 1991 wurden in Russland und anderen Republiken der früheren UdSSR mehr als 70 psychotherapeutische Ausbildungsseminare abgehalten. Diese Intensivseminare, meist mit einer Dauer von fünf Tagen, enthielten eine Einführung in die Theorie und Praxis der ‚Positiven Psychotherapie', unter Berücksichtigung der transkulturellen Psychiatrie, Familientherapie und der Psychosomatischen Medizin. Diese Seminare wurden von circa 4.000 Psychiatern, Psychotherapeuten, Ärzten und Psychologen in über 30 Orten besucht. Von ihnen haben über 700 Teilnehmer eine zwei-jährige Ausbildung in der Positiven Psychotherapie absolviert (Basic Training). Diese Kurse bestehen aus praktischen Übungen, Trainings, Erstinterview-Seminaren, Patientenvorstellungen, Balint- und Supervisionsgruppen, schriftlichen Hausarbeiten (Referaten) und Selbsterfahrungsgruppen. Im Austausch mit den 4000 Teilnehmern, durch die Vorstellung von Patienten und bei der Supervision konnten viele Materialien für diese Arbeit gesammelt werden.

Material aus klinischer Tätigkeit

Seit 1995 existiert am American Medical Center (AMC) in Moskau eine neuropsychiatrisch-psychotherapeutische Ambulanz, die täglich Patienten aus aller Welt behandelt (circa 40 % russische und 60 % internationale Patienten). Diese Ambulanz wurde vom Autor gegründet und bis zu seiner Rückkehr nach Deutschland (Dezember 1999) geleitet. Hier konnte die Theorie der Positiven Psychotherapie bei etwa 800 Patienten angewandt und in ihrer Wirksamkeit überprüft werden. Die Methode wurde bei Patienten aller Altersstufen mit verschiedensten neurologischen, psychiatrischen und psychotherapeutischen Störungen angewandt. Da an diesem Zentrum während eines Tages Patienten verschiedenster Nationalitäten behandelt werden, kann die Anwendung und Flexibilität der Positiven Psychotherapie im multikulturellen und transkulturellen Setting ständig überprüft werden. Einige typische Patientenbeispiele habe ich detailliert als Kasuistik aufgeführt. Zuvor konnte im Rahmen einer Tätigkeit am Psychiatrischen Landeskrankenhaus in Jekaterinenburg/Ural die russische Psychiatrie vom Autor kennen gelernt und erfahren werden.

Material aus Supervisions- und Organisationstätigkeit

Seit 1991 wurden über 23 lokale und regionale ‚Zentren für Positive Psychotherapie, Transkulturelle Psychiatrie, Familientherapie und Psychosomatische Medizin‘ in Russland und anderen ehemaligen sowjetischen Republiken errichtet. Alle Zentren arbeiten klinisch, und viele Mitarbeiter nehmen an Weiterbildungsseminaren teil. Auf diesen Seminaren wurden konkrete Fälle vorgestellt und unter der Leitung des Autors supervidiert. Ebenso wurde unter seiner Leitung in Moskau eine regelmäßig stattfindende Fallgruppe eingerichtet, in der Patienten und ihre Krankheitsgeschichten vorgestellt und ähnlich der Balint-Gruppen besprochen wurden. Diese Zentren haben zahlreiche wissenschaftliche Artikel im In- und Ausland über die Anwendung der Positiven Psychotherapie und ihrer Modifizierung veröffentlicht. Die Aktivitäten der Russischen Gesellschaft für Positive Psychotherapie seit ihrer Gründung im Jahre 1993 und die anderer Psychotherapiegesellschaften haben wesentlich die Entwicklung einer transkulturellen Psychotherapie in Russland mitgestaltet.

Material aus statistischer Erhebung

Im Jahre 1997 wurde eine Erhebung über „die Anwendung der Positiven Psychotherapie in Russland“ in den Städten Moskau, St. Petersburg, Perm, Omsk, Wladiwostok, Krasnodar und Bad Nauheim durchgeführt. Russische Psychotherapeuten (n=55), die meist mehrjährige Erfahrungen mit der Positiven Psychotherapie haben, wurden bezüglich ihrer Einstellung zur Wirksamkeit dieser Methode, zum Einfluss auf das eigene Leben, den eigenen Beruf und auf die therapeutische Beziehung hin untersucht. Als Kontrollgruppe diente eine Gruppe von deutschen Psychotherapeuten (n=60). Zu dem statistischen Vorgehen und den Ergebnissen siehe Teil III.

Materialien aus universitärer Lehrtätigkeit

Seit 1991 hält der Autor Vorlesungen an verschiedenen russischen Hochschulen, von 1996 – 1999 am Lehrstuhl für medizinische Psychologie und Pädagogik der Moskauer Medizinischen Setschenow-Akademie über „Psychotherapie und Psychosomatik". In der Arbeit mit Studenten, Kollegen und durch die Vorstellung von Patienten konnten wertvolle Erkenntnisse für die transkulturelle Arbeit gewonnen werden, die Eingang in diese Arbeit gefunden haben.

Material aus wissenschaftlicher Arbeit und Publikationen

Bereits seit Beginn seiner klinischen Tätigkeit und der Dissertation über „Psychosoziale Aspekte bei 100 Patienten mit einem lumbalen Bandscheibenvorfall" (1987) hat sich der Autor intensiv mit der klinischen Anwendung der Positiven Psychotherapie beschäftigt. Im Rahmen der o.g. Dissertation wurde 1984/1985 auch erstmals ein halbstrukturiertes Erstinterview zur Positiven Psychotherapie entwickelt und angewandt, welches später leicht modifiziert als ‚Wiesbadener Inventar zur Positiven Psychotherapie und Familientherapie' (WIPPF) veröffentlicht wurde (N. Peseschkian u. H. Deidenbach, 1988). Auch das später veröffentlichte ‚Konfliktmodell der Positiven Psychotherapie' (N. Peseschkian, 1991) hat durch die damalige Untersuchung wichtige Impulse erhalten.

Der Autor betreut derzeit mehrere Doktoranten in Russland, die sich über die Anwendung der Positiven Psychotherapie in verschiedenen Gebieten auseinandersetzen. Auch konnten viele Erfahrungen in der Redaktion der Zeitschrift POSITUM der Russischen Gesellschaft für Positive Psychotherapie (RAPP) gesammelt werden. Die Ergebnisse dieser Dissertationen und die Arbeit in der Redaktion haben das Verständnis für transkulturelle Psychotherapie vertieft und zu Ergebnissen dieser Arbeit beigetragen.

Kapitel 3: Die heutige Situation in der russischen Gesellschaft aus psychotherapeutischer Sicht

„Ich werde mir nicht anmaßen, die russische Seele zu ergründen, ich möchte nur feststellen: Es gibt sie."
Heinrich Böll (1976)

Der Psychotherapeut hat es in diesem Zusammenhang nicht so leicht wie der Schriftsteller. Er muss sich mit dem Verhalten und den Eigenschaften seiner Patienten, den Strömungen der Gesellschaft, in der er wirkt, und dem Zeitgeist auseinander setzen, um helfen zu können. Psychotherapie ist immer ein dynamischer, nicht wiederholbarer und einzigartiger Prozess. Die Besonderheit der psychotherapeutischen Begegnung zwischen Therapeut und Patient ist von vielen Autoren beschrieben und hervorgehoben worden. Wenn nun Psychotherapie eine Begegnung, meist zweier Menschen, darstellt, die im ‚Hier und Jetzt' stattfindet, dann müssen die Inhalte des ‚Hier und Jetzt' einen großen Einfluss auf diesen therapeutischen Prozess haben. Wie jede Beziehung steht auch die therapeutische in enger Interaktion mit der Kultur, Zeit und Gesellschaft, in der sie stattfindet. Ohne eine Analyse, Beschreibung und Bewusstmachung dieser Einflussgrößen kann eine Therapie nicht erfolgreich sein, und „die hilfreiche Beziehung" (Luborsky, 1988) kann nicht wirken. Im folgenden wird der Versuch unternommen, einige dieser Einflussgrößen und ihre Bedeutung für die psychotherapeutische Tätigkeit zu beschreiben. Dazu wird versucht die heutige russische Gesellschaft und die russische Mentalität aus psychotherapeutischer Sicht darzustellen. In der Psychotherapie und Psychiatrie interessieren uns weniger Fragen nach der Schuld als vielmehr die Prozesse, die geschehen sind und der Einfluss, den sie hinterlassen haben. Es geht nicht darum, die derzeitige politische Situation in Russland zu analysieren – dies wird bewusst denen überlassen, die sich dazu berufen fühlen.

Jeder Versuch, eine Gesellschaft psychologisch zu beschreiben, kann nur als Ansatz verstanden werden, diese Gesellschaft und ihre Mitglieder besser zu verstehen. Es existieren jedoch in jeder Gesellschaft gewisse Tendenzen, die man verallgemeinern und aus denen man Schlussfolgerungen für die therapeutische Arbeit ziehen kann. Diese Tendenzen werden manchmal als Nationalcharakter oder als Basispersönlichkeit bezeichnet. Nach Krone-Schmalz (1998) „klingt „russische Seele" poetischer als „Nationalcharakter", meint aber dasselbe." „Die für jede Gesellschaft typische Basispersönlichkeit ist jene Persönlichkeitskonfiguration, die von der großen Mehrheit der Mitglieder der Gesellschaft als ein Ergebnis der frühen Erfahrungen, die sie gemeinsam gemacht haben, geteilt wird." (Kardiner, 1945). Die Frage nach dem Nationalcharakter wurde besonders in den USA in den 1940er und 1950er Jahren heftig diskutiert, ausgelöst durch die politischen Ereignisse in Deutschland und der Sowjetunion (Adler, 1993). Die Studien diesbezüglich waren stark ideologisch und politisch gefärbt – nicht selten waren sie von Geheimdiensten in Auftrag gegeben – und haben eher zur Zunahme als zum Abbau von Vorurteilen geführt. Nach Inkeles u. Levinson (1954) „bezieht sich der ‚Nationalcharakter' auf relativ beständige Persönlichkeitsmerkmale und -muster, die statistisch am häufigsten unter den erwachsenen Mitgliedern einer Gesellschaft zu finden sind."[7] Gleichzeitig muss vor Verallgemeinerungen gewarnt werden, die dem Einzelnen und seiner Einzigartigkeit nicht gerecht werden können. „Die prinzipielle

7. Ein zusammenfassendes Porträt der Deutschen gibt Noelle-Neumann, 2001.

Schwierigkeit... liegt in der Unfähigkeit, die Differenziertheit von großen nationalen Populationen angemessen zu berücksichtigen. Aussagen zum Nationalcharakter betonen die hauptsächliche Tendenz, deren tatsächliches Vorkommen zwar vermutet, aber nicht bewiesen wird, und vernachlässigen die Variationsbreite innerhalb und außerhalb des Typischen" (Inkeles, 1961).[8]

In Anlehnung an die moderne psychologische Forschung wollen wir im folgenden die heutige russische Gesellschaft zunächst aus der Sicht der beiden Konstrukte ‚Individualismus' und ‚Kollektivismus' (Ho, 1979; Hofstede, 1980, 1991, 1994; Hui u. Triandis, 1986; Kashima, 1986; Hui, 1988; Kagitcibasi, 1988; Triandis, 1988, 1989; Triandis, McCusker u. Hui, 1990) betrachten und dann Schlussfolgerungen für die therapeutische Arbeit ziehen. Während der letzten Jahrzehnte haben sich Wissenschaftler, die sich für die psychologische Analyse von Kulturen interessieren, sehr intensiv mit dem Konstrukt ‚Individualismus-Kollektivismus' beschäftigt. Wie wir feststellen werden, sind diese beiden Konstrukte zwar nicht ausreichend, um die russische Gesellschaft zu verstehen, aber sie können uns viele Prozesse näher erläutern, verständlich und vergleichbar machen.

Die Mehrheit der Weltbevölkerung, circa 70 Prozent, ist (noch) kollektivistisch und nicht wenige dieser Menschen stimmen mit westlichen Ansichten nicht überein. Mit dem zunehmenden (wirtschaftlichen) Einfluss kollektivistischer Staaten (z.B. China und Indien), einer steigenden Migration, besseren Kommunikationsmitteln und zunehmenden Kontakten zwischen Menschen verschiedenster Kulturen werden diese Konstrukte eine entscheidende Rolle bei der Lösung globaler Probleme spielen. Gleichzeitig ist ein Verständnis des Kollektivismus-Individualismus-Konzeptes für jeden Psychotherapeuten, der transkulturell tätig ist, unabdingbar. Da wir heute (in Russland) sehr unterschiedliche Patienten haben, mal mehr individualistisch, mal mehr kollektivistisch, ist das Verständnis dieser Konstrukte für das Nachvollziehen der Denk- und Lebenswelt des Patienten von besonderer praktischer Bedeutung.

Einige Erläuterungen zum Individualismus-Kollektivismus-Konzept

Die Begriffe ‚Individualismus' und ‚Kollektivismus'[9] wurden erstmals von englischen Politik-Philosophen des 18. und 19. Jahrhunderts verwendet. Individualismus wurde gleichgesetzt mit Liberalismus und beinhaltete die Ideen der maximalen Freiheit des Einzelnen. Das Gegenstück war der Autoritarismus, der diese Freiheiten ablehnte und die eigene Unterwerfung dem Willen einer Autorität, wie zum Beispiel des Königs, forderte. Dem Individualismus von John Locke stand der Kollektivismus von Jean-Jacques Rousseau gegenüber, der in seinem Werk 'Social Contract' behauptete, dass der Einzelne nur frei sein könne, wenn er sich dem Willen der Allgemeinheit unterordne.

Ähnliche Konstrukte haben nachhaltig andere Fachdisziplinen, wie zum Beispiel Wirtschaft, Politik, Philosophie, Geschichte, Anthropologie, Soziologie und Psychologie beeinflusst, da diese

8. Ein sehr interessantes und tiefgehendes Buch über den russischen Nationalcharakter ist von Daniel Rancour-Laferriere "The Slave Soul of Russia. Moral masochism and the cult of suffering", New York University Press, 1995. Eine schöne Zusammenstellung von Gedichten und Anekdoten über die russische Seele findet man bei: Gabriele Krone-Schmalz (Hrsg.): Von der russischen Seele. Econ Taschenbuch Verlag, Düsseldorf, 1996.
9. Ein ausgezeichnetes Buch über die beiden Konstrukte Individualismus und Kollektivismus ist von Harry C. Triandis "Individualism and Collectivism", Westview Press, Boulder/USA, 1995.

Konstrukte den Kern aller Sozialwissenschaften berühren. Viele heutige und vergangene Verhaltensweisen werden mit den beiden Konstrukten Individualismus und Kollektivismus beschrieben. Zum Beispiel vertritt Joseph Campbell die Auffassung, dass die Jäger in der menschlichen Frühgeschichte Individualisten waren, während die frühen Sammler und Pflanzer eher Kollektivisten waren (zit. in: Segal, 1987). Die Jäger versuchten, die Welt zu erobern und halfen anderen nur gelegentlich; die Sammler und Pflanzer sahen den Einzelnen vom Ganzen absorbiert und diesem unterstellt.

Es gibt eine Vielzahl von Definitionen der Begriffe Individualismus und Kollektivismus. Für unsere Arbeit sei beschreibend angeführt: In individualistischen Kulturen haben die Ziele und Bedürfnisse des Einzelnen Vorrang vor denen wichtiger sozialer Gruppen, wie der Großfamilie, Gemeinschaft oder des Arbeitskollektivs. Für Mitglieder kollektivistischer Kulturen sind persönliche Ziele und Bedürfnisse den Zielen und Bedürfnissen der Gruppen untergeordnet (Freeman, 1997). Triandis (1995) spricht davon, dass in Kulturen, in denen die Mehrzahl der Beziehungen interpersoneller Art ist, Individualismus vorherrscht; in Kulturen, in denen vorwiegend Beziehungen zwischen Gruppen stattfinden, Kollektivismus besteht. Gleichzeitig können wir jedoch davon ausgehen, dass beide Tendenzen in jeder Gesellschaft und Kultur vorhanden sind und auftreten. Selbst in jedem Menschen sind beide Elemente innewohnend, und es besteht ein konstanter „Kampf" zwischen unseren individualistischen und unseren kollektivistischen Anteilen. Eine Theorie besagt, dass wir alle als Kollektivisten geboren und erst später im Laufe des Lebens individualistischer werden. Danach gibt es somit keine ‚reinen' individualistischen oder kollektivistischen Gesellschaften, sondern ein situationsspezifisches kulturelles Muster. Weitere Arbeiten haben vorgeschlagen, dass es eine große Anzahl verschiedener Variationen und Typen von Kollektivismus und Individualismus gibt (Triandis, 1994, 1995).

Markus u. Kitayama (1991) gehen in diesem Zusammenhang von vier Formen des Selbstes (engl. self) aus: unabhängig oder abhängig und gleich oder verschieden. Die Kombination dieser vier Typen ergibt die folgende Einteilung: horizontaler Individualismus (unabhängig/gleich) und horizontaler Kollektivismus (abhängig/gleich), vertikaler Individualismus (unabhängig/verschieden) und vertikaler Kollektivismus (abhängig/verschieden) (Triandis, 1995). In kollektivistischen Kulturen beinhaltet der Begriff ‚horizontal' ein Gefühl der sozialen Kohäsion und der Einheit mit Mitgliedern der Gruppe. ‚Vertikal' beinhaltet der Gruppe zu dienen, sich für ihr Wohlergehen zu opfern und seine Pflicht zu verrichten. In individualistischen und kollektivistischen Kulturen bedeutet die vertikale Dimension Ungleichheit, und dass Positionen und Ränge ihre Privilegien haben. Im Gegensatz dazu betont die horizontale Dimension, dass Menschen in vielen Bereichen ähnlich sein sollten, insbesondere im Hinblick auf ihren Status.

In Bezug auf einzelne Kulturen haben sich folgende Beobachtungen ergeben: Schweden mit seinem demokratischen Sozialismus wird als horizontal individualistische (Daun, 1991, 1992), die USA mit ihrer Marktwirtschaft als vertikal individualistische (Markus u. Kitayama, 1991), der israelische Kibbuz mit seiner Lebensgemeinschaft als horizontal kollektivistische, Indien mit seinem Kastenwesen als vertikal kollektivistische, und Japan mit seinen stark hierarchischen Strukturen als vertikal kollektivistische Kultur eingestuft (Triandis, 1995). Zusammenfassend ist festgestellt worden, dass individualistische Kulturen eher horizontal und kollektivistische eher vertikal ausgerichtet sind (Hofstede, 1980).

Neben weiteren Faktoren wird das Ausmaß von Kollektivismus oder Individualismus von zwei spezifischen kulturellen Syndromen beeinflusst: ‚kulturelle Enge' versus ‚kulturelle Lockerheit' (engl. tightness versus looseness) und kulturelle Komplexität versus kulturelle Einfachheit (engl.

complexity versus simplicity). ‚Enge' (Pelto, 1968) bedeutet das Ausmaß, in dem Mitglieder einer Kultur: a) übereinstimmen in dem, was die richtige Handlung ist, b) sich genau so verhalten wie es die Norm fordert, und c) leiden oder sich einer starken Kritik ausgesetzt sehen, wenn sie von der Norm auch nur gering abweichen.

‚Lockere' Kulturen haben eine Vielzahl von Normen, wie man sich in einer bestimmten Situation verhalten könnte, und von der Norm abweichende Menschen werden nicht unbedingt bestraft. ‚Enge' tritt vorwiegend in Kulturen auf, die recht isoliert von anderen sind, eine hohe Bevölkerungsdichte haben oder überwiegend landwirtschaftlich ausgerichtet sind. In kalten Klimazonen sind Kulturen eher ‚eng', in wärmeren Gebieten eher ‚locker'. In ‚engen' Kulturen ist die Selbstmordrate höher, in ‚lockeren' die Tötung (Robbins et al., 1972). Kriminelle Handlungen sind in ‚engen' Kulturen deutlich seltener als in ‚lockeren', was vielleicht mit der Betonung der Impulskontrolle in ‚engen' Kulturen zusammenhängt. Die Vereinigten Staaten gelten zum Beispiel als eine relativ ‚lockere' Kultur, während Japan Beispiel einer ‚strengen' Kultur darstellt. Klassisches Beispiel einer ‚engen' Kultur wäre der Verhaltenskodex der japanischen Samurai.

Versuch einer psychologischen Beschreibung der heutigen russischen Gesellschaft unter Berücksichtigung der Konstrukte ‚Individualismus' und ‚Kollektivismus'

"Lord have mercy, how agonizingly difficult it is to be Russian!
For there is no other people which feels the earth's pull so profoundly,
and there are no greater slaves of God than we, Rus'."
Maxim Gorki (zit. in Rancour-Laferriere, 1995)

Neben vielen anderen besteht eine Schwierigkeit der Analyse und Beschreibung der russischen Gesellschaft in ihrem derzeitigen raschen Wandel. Es ist wichtig anzumerken, dass Gesellschaften derartige Wandlungen durchmachen (können) und sich somit je nach der Zeit die Konstrukte ändern können. Konkret bedeutet dies, dass eine kollektivistische Kultur auch individualistische Perioden durchleben kann und umgekehrt. In Russland sind wir Zeuge einer rapiden Veränderung dieser Konstrukte während der letzten 10 Jahre, daher kann die nachfolgende Beschreibung nur eine Momentaufnahme sein (Polozhy, 1995).

Wir sprechen häufig von der Übergangs- oder Umbruchszeit der russischen und osteuropäischen Gesellschaften. Laut Enzyklopädie (Collins Dictionary, 1987) bedeutet Übergang „einen Prozess, in welchem sich etwas von einem Zustand in einen anderen verändert." Aber gerade dieser „andere Zustand" ist das Dilemma der russischen Gesellschaft. Veränderung ja – aber wohin, so könnte man sicherlich die heutige Situation angemessen überschreiben. Die heutige Übergangsperiode mit ihren radikalen politischen und sozioökonomischen Veränderungen führt zu einer neuen kulturellen Realität (Korolenko, 1995), die wiederum die Notwendigkeit einer kulturorientierten Psychotherapie unterstreicht. Untersuchungen haben gezeigt, dass diese Periode in Russland zu einer deutlichen Zunahme von Anpassungsstörungen und anderen Erkrankungen führt (Polozhy, 1996). Um der Sache gerecht zu werden, müsste man zunächst das vorrevolutionäre Russland, dann die Sowjetzeit und erst dann die heutige Periode beschreiben. In dieser Arbeit können wir nur auf die beiden letzteren näher eingehen.

Im folgenden soll die russische Gesellschaft, (1) aus der Sicht der bereits beschriebenen Konstrukte ‚Individualismus' und ‚Kollektivismus' und (2) aus der Sicht der Positiven Psychotherapie beschrieben werden.

1) In Anlehnung an die *Konstrukte* kann die sowjetische Gesellschaft als ‚eng' bezeichnet werden, in der ein horizontaler Kollektivismus zwischen den Menschen bestand, aber ein vertikaler Kollektivismus zwischen den Führenden (Partei, Staatsapparat) und der Bevölkerung. Wir können feststellen, dass Russland eine lange kollektivistische Periode durchlebt hat und sich zurzeit in einer extrem individualistischen Periode befindet. Besonders Menschen unter 40 Jahren neigen zum Individualismus. Die zukünftige Entwicklung ist nicht absehbar. Die russische Gesellschaft ist jedoch keine traditionelle Gesellschaft, wie z.B. Indien oder China.

Nach unseren Beobachtungen finden wir in der heutigen russischen Gesellschaft nun drei verschiedene Merkmale, basierend auf den beschriebenen Konstrukten: 1) typische Merkmale einer kollektivistischen Gesellschaft; 2) vereinzelte Aspekte, die man nur in individualistischen Kulturen erwarten würde; und 3) gewisse Russland-spezifische Charakteristika, die sich in keine der beiden genannten Kategorien einordnen lassen. Diese letzteren Merkmale sind zum Teil sicherlich „sowjetisch", zum Teil aber auch russisch und werden häufig mit der ‚russischen Seele' in Verbindung gebracht. Letztlich ist es nicht so entscheidend, ob sie russisch oder sowjetisch sind – was an sich eine kaum mögliche Unterscheidung darstellt -, entscheidend ist im Rahmen dieser Arbeit, dass es bestimmte Eigenarten gibt, die sich nicht in die beiden Konstrukte einordnen lassen.

Typisch kollektivistische Merkmale der heutigen russischen Gesellschaft sind unter anderem die Wichtigkeit und Bedeutung der Vergangenheit und Geschichte („ich bin ein Teil einer langen Kette"); Beziehungen werden aufrecht erhalten und gepflegt, auch wenn sie momentan keinen Nutzen bringen, denn sie könnten eines Tages wichtig sein (nach dem alten russischen Sprichwort: „Besitze nicht 100 Rubel, aber 100 Freunde"); persönliche Ziele stimmen mit den Zielen der Gesellschaft überein und der Einzelne tut, was das Kollektiv erwartet; die emotionale Abhängigkeit von anderen; die Art der Konfliktlösung („der Chef wird alles lösen"); die Art, wie unangenehme Dinge übermittelt werden (wichtiger als die eigentliche Wahrheit ist die Aufrechterhaltung der Beziehung mit dem Betroffenen); die lebenslange emotionale Verbundenheit zu den Eltern, die ermutigt wird (Guthrie, 1961); die kollektivistische Art der Kindererziehung (Uniformität; Konsensus über die richtige Art der Erziehung; das ideale Kind ist das gehorsame und ruhige Kind) (Pearson, 1990); das unterschiedliche soziale Verhalten je nach Situation (Chan, 1991; Iwata, 1992); und die Tendenz sich an Situationen anzupassen („Kollektivisten ändern sich, um sich an die Situation anzupassen; Individualisten versuchen, die Situation zu verändern, um sie sich selbst anzupassen") (Diaz-Guerrero, 1979,1991).

Merkmale individualistischer Kulturen, die man in Russland findet, sind unter anderem die Wichtigkeit des Status in Bezug auf Ausbildung und Bildung; die Betonung der Bildung und der beruflichen Tätigkeit; bei Fehlern die Wichtigkeit von Schuld (im Gegensatz zur Schande in kollektivistischen Gesellschaften); der romantische Ansatz zur Eheschließung („Hauptsache, sie lieben sich"); und die Wichtigkeit des Selbstbewusstseins (es ist zwar allgemein sehr niedrig, aber man spricht darüber).

„Russisch-sowjetische" Merkmale sind unter vielen anderen, dass jeder über die Probleme seiner Freunde Bescheid weiß, man aber Angst hat, zu einem Psychotherapeuten zu gehen („Einem Fremden meine Probleme erzählen?"); die Art der zwischenmenschlichen Kommunikation; die tiefe Verbundenheit mit der eigenen Heimat; die große, nur noch von der Fläche des Landes übertroffene Sehnsucht; die Unkompliziertheit im Umgang mit anderen; die Annahme menschlicher

Schwächen; die Flexibilität und Erfindungsfähigkeit; die Fähigkeit zur Improvisation; das ausgeprägte Bedürfnis, in Ruhe gelassen zu werden; das Fehlen individueller Initiative, und die Hoffnung, dass ‚alles gut werden wird' (Sidorov et al. 1995).

2) Aus Sicht der Positiven Psychotherapie lässt sich aufgrund unserer Beobachtungen in über 35 Gebieten Russlands und der ehemaligen UdSSR feststellen, dass die ‚russische Seele'[10] aus vier „Anteilen" besteht – falls dieser Begriff in diesem Zusammenhang Verwendung finden darf:

- aus „westlich-europäischen", was sich in der Beziehung zu Arbeit und Beruf, Bildung und in der Bedeutung der Ausbildung bemerkbar macht;
- aus „orientalischen Anteilen", wie der Bedeutung von Familie, Kinder und Eltern; der Respekt gegenüber älteren Menschen; der Bedeutung von Freundschaften; dem Interesse für geistig-spirituelle Fragen;
- aus „sowjetischen Anteilen", wie der Art der interpersonellen Kommunikation; dem Kollektivismus in allen Sphären des Lebens; der Einstellung zur und der Art der Kindererziehung; dem Ablauf des täglichen Familienlebens und der Einstellung zu Besitz und Eigentum.
- und aus „russischen Anteilen", wie der großen Sehnsucht der einzelnen Seele, die nur mit der Weite des Landes vergleichbar ist; der Geduld, Ausdauer, Verständnis und Akzeptanz menschlicher und sozialer Probleme; der altruistischen Einstellung; dem Jahrhunderte langen Zusammenleben von über 150 Kulturen in einer multikulturellen Gesellschaft; der Bedeutung geistig-magischer Aspekte sowie des Aberglaubens; und der ausgeprägten Emotionalität und inneren Unruhe/Drang.

Man könnte nun die Hypothese aufstellen, dass der heutige Bürger Russlands sich im ständigen inneren Kampf mit diesen seinen Anteilen befindet: Im strengen sowjetischen Kollektivismus erzogen und geformt worden und heute (seit Beginn der 1990er Jahre) sich im strengen Individualismus befindend, der ihm ebenso aufgezwungen worden ist wie seinerseits der sowjetische Kollektivismus. Vom Kollektivismus innerhalb kürzester Zeit zum „wilden" Individualismus mit all seinen Folgen. Um diese Anteile bekämpfen sich wiederum untereinander.

Aus der Sicht des Balance-Modells (N. Peseschkian, 1980) ist die russische Gesellschaft orientalisch-kollektivistisch in ihrer Einstellung zu sozialen Beziehungen (Bereich ‚Kontakte') und westlich-individualistisch in Bezug auf Arbeit (Bereich ‚Leistung'). Bei Untersuchungen in über 25 Staaten haben wir diese Konstellation (Ausprägung von Leistung und Kontakt/Beziehungen) in Gebieten der früheren Sowjetunion und in Osteuropa beobachten können. Wenn wir uns der heutigen russischen Gesellschaft zuwenden, so haben wir eine Gesellschaft von 146 Millionen Menschen vor uns, auf der Suche nach Identität, Orientierung und Sinn – individuell und kollektiv gesehen. Der Verlust einer Staatsideologie, einer Weltanschauung, man könnte hier durchaus den Begriff der Ersatzreligion verwenden – solch ein Verlust stellt alles in Frage: die Vergangenheit, die Gegenwart und die Zukunft. Es ist sicherlich eine der ‚psychologischen Grenzerfahrungen' im Leben eines Menschen und nur vergleichbar mit größeren persönlichen Krisen oder Lebensereignissen.

Wie so häufig nach derartigen Veränderungen – eine kleine Parallele mag die Zeit nach 1945 in Deutschland gewesen sein – bleibt aufgrund meist realer materieller Probleme, kaum Zeit und En-

10. Es sei angemerkt, dass man die Seele nicht nur in Russland, sondern zum Beispiel auch in Deutschland mit dem Nationalcharakter in Verbindung bringt. So spricht man durchaus auch von der ‚deutschen Volksseele' – es hat jedoch den Anschein, dass die ‚russische Seele', zumindest für Westeuropäer, etwas geheimnisvolles und undurchdringbares darstellt und vielleicht deshalb mehr Aufmerksamkeit angezogen hat.

ergie, sich mit dem Geschehenen im Sinne einer Vergangenheitsbewältigung zu beschäftigen. Der Einzelne ist mit dem Gefühl des Betrogenwordenseins allein gelassen, und Misstrauen macht sich breit. Mit dem Untergang einer Ideologie einerseits, und der Suche nach einer neuen andererseits, verändert sich das Menschenbild – der Gesellschaft und des Einzelnen. Beides hat einen wesentlichen Einfluss auf den psychotherapeutischen Alltag, wo die Rolle des Menschenbildes bei jeder (therapeutischen) Begegnung deutlich wird.

Aus der Sicht der Positiven Psychotherapie konfrontiert uns die *heutige russische Alltagsrealität* mit folgenden „harten" sozialen Fakten: weite Verbreitung, soziale Akzeptanz und ständige Zunahme der Alkoholproblematik – insbesondere bei Jugendlichen und Frauen; geringe durchschnittliche Lebenserwartung, insbesondere der Männer (57 Jahre im Jahre 1996) (Russian Life, 5/1997); Zunahme von Scheidungen (62% in Russland, 75% in Moskau im Jahre 1992) (The Moscow Times vom 31.3.1993), Gewalttätigkeit und Missbrauch in der Familie, und der Promiskuität[11]; steigende Suizidrate (insbesondere unter der ländlichen Bevölkerung der autonomen Republiken, wie zum Beispiel, in Udmurtien, die bis zu 600% über dem Weltdurchschnitt liegt) (Bashkirova et al. 1997; Lazebnik, 1997); geistig-spirituelles Vakuum auf der einen, und ‚Boom' der Religionen und spirituellen Bewegungen auf der anderen Seite; Zunahme von Gewalt, Aggression und Verbrechen in der Gesellschaft; Zunahme von Korruption und Mafia; der zunehmende Ruf nach Gesetz und Ordnung, den Psychotherapeuten als Bedürfnis nach Rahmen und Grenzen bezeichnen würden; der verletzte Nationalstolz – von der Weltmacht zum Bittsteller; der Ruf nach einem echten Führer und „starken Mann" um das Land aus der Krise zu führen; die unklare Rolle und schwache Position der Kirche in diesem Prozess; die ‚vaterlose' Gesellschaft (Männermangel bedingt durch Repression und Krieg; Krankheiten, Alkoholismus, Unfälle, niedrige Lebenserwartung, und hohe Scheidungsquote); Zunahme der Generationsprobleme über das ‚normale' Maß hinaus; und die mittlerweile reelle Möglichkeit der Mobilität und Auswanderung.

> Alle glücklichen Familien gleichen einander,
> aber jede unglückliche Familie ist auf ihre Art unglücklich.
> Leo Tolstoi (in: Anna Karenina)

Da die *Familie* einen wesentlichen Einfluss auf die Gesundheit beziehungsweise Krankheit des Einzelnen ausübt und in einer transitorischen Gesellschaft besonders in Mitleidenschaft gezogen wird, möchten wir im folgenden näher auf sie eingehen. Das russische Familienkonzept hat in diesem Jahrhundert viele – zu viele – Wandlungen mitmachen müssen. Von der patriarchalischen Familie in der Zarenzeit, über die fast-Auflösung in den ersten Jahrzehnten der Sowjetzeit, über eine Neudefinierung während der post-stalinistischen Ära, bis zur Familie der 1990er Jahre, die auf der Suche nach ihrer eigenen Identität ist und zum Teil unter starken westlichen Einflüssen steht.

Die Einflüsse dieser Perioden finden sich heute wieder in der Institutionalisierung der Kindererziehung; der Berufstätigkeit der Frau; der Rolle der Großeltern, besonders der Großmütter, bei der Erziehung; der meist frühen Eheschließung mit baldiger Schwangerschaft; der weit verbreite-

11. Einige neuere Untersuchungen zum Lifestyle beschreiben die Russen als eine der sexuell aktivsten Völker der Welt. In einer 1995 veröffentlichten Studie der Zeitschrift „Cosmopolitan" hatten 10% der Befragten mehr als 26 Sexualpartner im vergangenen Jahr; während eine Londoner Studie schlussfolgerte, dass Russen 133 Mal jährlich Sex hätten im Vergleich zum Weltdurchschnitt von 109 Mal (The Moscow Times vom 22.2.1997).

ten Promiskuität (bei gleichzeitiger Staatsparole: „Es gibt keinen Sex in der Sowjetunion"); dem Mangel an ehelichen Moralvorstellungen, wie zum Beispiel Treue; der schwierigen Lebens- und Wohnverhältnisse in Mehrgenerationen-Haushalten; der materiell-ökonomischen Probleme; der hohen Zahl von Abtreibungen; der sinkenden Zahl von Geburten; der Schließung interkultureller Ehen (die geschlossen wurden, als beide Partner Sowjetbürger waren und deren Heimat sich heute häufig in verschiedenen Staaten befindet); im Fehlen einer Unterscheidung zwischen Partnerschaft und Familie (der Partner, insbesondere Ehemänner, sind im Vergleich zu Kindern sekundär; eine Familie kann auch ohne Ehepartner bestehen); und in der gesellschaftlichen Akzeptanz der sogenannten ‚bürgerlichen Ehe' (analog zur deutschen „Ehe ohne Trauschein").

Besonders nachhaltig ist der Einfluss der erwähnten Aspekte auf die *Geschlechtsbilder und -rollen*. Auffällig ist die Diskrepanz zwischen dem Idealbild und der Realität. Das Idealbild kommt teilweise dem orientalischen Bild sehr nahe. Ein Mann muss körperlich groß und stark sein, er muss die Familie beschützen können, er ist der Ernährer und das Haupt der Familie. Er muss intelligent sein und die Fähigkeit haben, Geld zu verdienen (transkulturelle Anmerkung: aus westlicher Sicht ist es schwer verständlich, wieso ein intelligenter Mensch nicht ausreichend Geld verdienen kann, aber die heutige russische Realität belehrt uns eines anderen; man denke an die vielen Ärzte, Lehrer und Ingenieure, die ihre Familien nicht mehr ernähren können). Das Frauenbild ist das einer hübschen, jungen, sexuell aktiven Frau, die ihr Leben den Kindern und dem Ehemann widmet und ihnen dient. Sie muss nicht arbeiten, kann sich dem Haushalt und ihrem Äußeren widmen. Sie ist glücklich im Kreise ihrer Freundinnen. Zwischen beiden Partnern sollen ewige Liebe und Leidenschaft existieren, wie wir sie aus Erzählungen und Märchen kennen.

Die Realität, auf die hier wohl kaum eingegangen werden muss, ist eine ganz andere. Nach einer frühen Eheschließung, meist mit der ersten großen Liebe, stellt sich rasch eine andere Realität ein: Leben mit den Eltern oder Schwiegereltern, ohne Aussicht auf eine eigene Wohnung; frühe Geburt des ersten und meist einzigen Kindes, welches vorwiegend von der Großmutter erzogen werden wird; Unfähigkeit vieler Männer, ihre Familien durch einen angesehenen Beruf ausreichend zu ernähren; körperliche Veränderung beider Partner durch Alkohol, mangelnde Bewegung und unzureichende Ernährung; Abnahme der Rolle der Sexualität; der ‚Führungsanspruch' der Frau in der Familie und andere Aspekte.

Diese Diskrepanz zwischen dem (unbewussten) Ideal und der Realität führt zu zahlreichen inneren und äußeren Konflikten, die sich durch unterschiedliche Fluchtreaktionen manifestieren: Alkoholismus als Flucht aus einer unerträglich erscheinenden Realität, Aggression, Depression, häufige außereheliche sexuelle Kontakte, Flucht in die Arbeit und Flucht in die Phantasie. Zu dieser bereits schwierigen Situation kommt noch der äußere, durch Medien und Werbung vermittelte, meist westliche, individualistische Einfluss hinzu der Verunsichertheit auslöst.

Zusammenfassend können wir festhalten, dass die heutige russische Gesellschaft unterschiedliche Anteile und Charakteristika aufweist, die nur zum Teil mit den üblichen psychologischen Konstrukten erläutert werden können. Andererseits bedeutet dies nicht automatisch, dass die russische Mentalität nicht verstanden und beschrieben werden kann. Eine Frage, die immer wieder bei der Auseinandersetzung mit der russischen Kultur seit Jahrhunderten in diesem Zusammenhang auftaucht, lautet: „Ist die russische Kultur europäisch oder nicht?" Die russische Kultur ist in vielerlei Beziehung einzigartig. In Russlands Einstellung zur westeuropäischen Kultur gibt es eine komplizierte Mischung von Identifikation und Bestrebung nach Unterscheidung. Die russische Kultur kann nach dem Bericht einer unabhängigen internationalen Expertengruppe für die UNESCO (Laszlo, 1993) als das „Ergebnis einer Übertragung europäischer kultureller Standards,

Regeln, Ideen und Traditionen in eine Sphäre außerhalb Europas verstanden werden." Sie ist ein „Grenzfall": Entweder kann sie als der letzte Außenposten Europas angesehen werden oder als die Frontlinie eines verwestlichten Nicht-Europa. Logischen Überlegungen gemäß kann man ein Land, das sich von der Ostsee bis zum Pazifischen Ozean erstreckt, schon geographisch nicht als ein Grenz-, Rand- oder Übergangsgebilde darstellen. Die russische Kultur ist um eine Dimension größer – größer, nicht besser – als irgendeine andere Kultur, die man Randkultur nennen könnte. Der russische Denker Peter Tschadajew sagte in diesem Zusammenhang: „Es gibt einen vorherrschenden Faktor für den Verlauf unserer Geschichte, der sich wie ein roter Faden hindurchzieht und in dem ihre ganze Philosophie enthalten ist, einen Faktor, der sich in allen Abschnitten unserer gesellschaftlichen Entwicklung findet und ihren Charakter bestimmt hat, und das ist der geographische Faktor" (zitiert nach Averintsev, 1993). Averintsev wagte als Journalist auch folgende psychologische Feststellung: „Die russische Kultur hat ‚ein europäisches Bewusstsein und ein nicht-europäisches Unterbewusstsein'."

Aus psychotherapeutischer Sicht stellen wir fest, dass der Dualismus „Ost-West" der multikulturellen russischen Gesellschaft nicht gerecht wird. Auch lassen sich sicherlich andere multikulturelle Kulturen nicht in diese Kategorien einordnen, so dass neue Kriterien in Zukunft entwickelt werden müssen, insbesondere im Hinblick auf die zunehmende multikulturelle Realität weltweit. Die Welt und das menschliche Zusammenleben sind zu komplex, als dass wir sie mit (einfachen) Begriffen ausreichend klassifizieren oder beschreiben können. Für die psychotherapeutische Arbeit bedeutet dies, dass wir Ansätze und Methoden verwenden müssen, die flexibel, kultur-sensibel und zeitgeist-sensibel zu gleich sind.

Kapitel 4: Psychotherapie in Russland unter dem transkulturellen Gesichtspunkt – Therapeutisches Wirken in einer multikulturellen Übergangsgesellschaft

„Es hat beinahe den Anschein, als wäre das Analysieren der dritte jener „unmöglichen" Berufe, in denen man des ungenügenden Erfolgs von vornherein sicher sein kann. Die beiden anderen, weit länger bekannten, sind das Erziehen und das Regieren."
Sigmund Freud, 1937

Die therapeutische Beziehung als „hilfreiche Beziehung" (Luborsky, 1988) steht wie jede Beziehung in enger, dynamischer Wechselbeziehung zur jeweiligen Kultur, Zeit, Gesellschaft und dem Zeitgeist. Diese Feststellung bedeutet, dass die therapeutische Beziehung im heutigen Russland eine andere ist und sein muss als die in Westeuropa. Sie stellt aber auch eine andere therapeutische Beziehung dar, als eine in Russland zukünftig stattfindende therapeutische Beziehung. Während sich die westliche Psychotherapie vorwiegend aus der Psychoanalyse und dem Setting, welches in Westeuropa üblich and anwendbar ist, entwickelte, hat die russische Psychotherapie einen anderen Hintergrund, mit dem wir uns hier kurz beschäftigen wollen. Psychotherapie in Russland unterscheidet sich von dem, was im Westen unter Psychotherapie verstanden wird. Trotzdem gibt es in Russland Psychotherapie und sie wirkt. Im folgenden wird eine nähere Betrachtung von allgemeinen Wirkungsfaktoren der Psychotherapie unternommen, um a) die russische Psychotherapie zu verstehen, und b) Kriterien für die Zukunft zu erarbeiten.

Weiterhin wollen wir die wesentlichen typischen Charakteristika des Patienten, des Therapeuten, des therapeutischen Settings und der Ausbildung im heutigen Russland beschreiben. Gleichzeitig wird versucht, diese Charakteristika im transkulturellen Kontext, meist im Vergleich zur „typisch westlichen" Psychotherapie, zu sehen. Genauso, wie es eine „typisch westliche" Psychotherapie nicht gibt, so gibt es auch keine „typisch russische". Der Verallgemeinerung bewusst, sollen hier jedoch gewisse Tendenzen aufgezeigt werden.

Wirksamkeit und Wirkungsmechanismen von Psychotherapie

„Gibst Du jemandem einen Fisch, nährst Du ihn nur einmal. Lehrst Du ihn aber das Fischen, nährt er sich selbst für immer."
Orientalische Weisheit

Psychotherapie und unser Verständnis über ihre Wirkungsmechanismen haben sich verändert, und somit auch die Ansprüche, die wir an die Psychotherapie stellen. Die klassische Psychotherapie ist an einem Wendepunkt angekommen. Dies betrifft insbesondere die orthodoxe Psychoanalyse mit ihrer Langzeittherapie, der Konzentration auf einen einzigen Ansatz und der Ablehnung anderer Methoden. Der amerikanische Psychiater Lewis Wolberg kam bereits 1977 in seinem Vorwort zur dritten Auflage seines zweibändigen Standardwerkes („Die Technik der Psychotherapie") zur folgenden Beschreibung über die Wirksamkeit von Psychotherapie, insbesondere der analytischen, und gab seinen Ausblick über die Zukunft der Psychotherapie, „... während die Langzeittherapie zweifellos für einige Patienten indiziert ist, ist es jedoch die Ansicht vieler Therapeuten, sogar Psychoanalytiker, dass eine große Zahl, vielleicht sogar die Mehrzahl der Patienten... im Rahmen eines Kurzzeitprogramms effektiv behandelt werden können...Wir sind an einem Zeitpunkt angekommen, wo psychologische Dienste nicht länger auf wenige begrenzt werden können...Viele Menschen scheinen in der Tat völlig ungeeignet für diese Ansätze zu sein. Was nötig scheint, sind direktere Formen der Behandlung... Ich glaube, dies [eine Neuorientierung] kann durch eine effektive Integration mehrerer eklektischer Techniken (Psychopharmakologie, Ehe-, Familien-, Gruppen-, und Milieutherapie, Verhaltensmodifikationen, individuelle Interviewtechniken etc.) innerhalb eines dynamischen (analytischen) Rahmens erreicht werden... Techniken in sich selbst sind nicht ausreichend – sie müssen durch die Instrumentalität einer interpersonellen Beziehung angewandt werden ...“ (eigene Übersetzung des Autors).

Wolberg (1977) führt in seinem Buch 37 Definitionen von Psychotherapie an und meint, dass man sich darauf einigen könnte, dass Psychotherapie einen Ansatz zur Lösung von vielen Problemen emotionaler Natur darstellt. Seine eigene Definition lautet: „Psychotherapie ist die Behandlung von Problemen emotionaler Art mit psychologischen Mitteln, in der eine ausgebildete Person bewusst eine fachliche Beziehung mit dem Patienten aufbaut, mit der Absicht, (1) vorhandene Symptome zu beseitigen, zu modifizieren oder aufzuhalten, (2) gestörte Verhaltensmuster zu verändern, und (3) die Förderung einer positiven Persönlichkeitsentwicklung. Nach Nossrat Peseschkian (1977) ist es die „vorrangige Aufgabe der Psychotherapie, dem Menschen zu helfen. Aus ihr erst ergibt sich die Forderung nach einer plausiblen, in sich geschlossenen und überprüfbaren Theorie – nicht umgekehrt.“

Im wesentlichen versucht die Psychotherapie, durch gezielte psychologische Interventionen dem Patienten zu helfen. Aber diese stellen bei weitem nicht das einzige heilende Medium dar. Es gibt eine große Anzahl von wirksamen Kräften, die häufig sehr subtil wirken, so dass ihnen kaum Aufmerksamkeit geschenkt wird. Gleichzeitig ist es kaum möglich, eindeutig zu analysieren, inwieweit psychotherapeutische beziehungsweise diese unspezifischen Elemente schließlich am Erfolg beteiligt waren. Der Versuch, diese unspezifischen Einflussgrößen zu definieren, könnte uns helfen, eben diese Faktoren gezielt in die Therapie einzubeziehen oder zumindest ihren Einfluss nicht zu verhindern. Einer der wichtigsten Faktoren ist die Krankheit oder Störung selbst. Genauso wie eine Infektion nicht nur aus Bakterien besteht, sondern im Körper eine gesunde Gegenreaktion mit Antikörpern hervorruft, so können wir auch in der Psychotherapie von internen Heilungskräften sprechen, die selbst den Verlauf einer normalerweise tödlichen Krankheit wie Krebs verändern können. Die Positive Psychotherapie versucht dies durch die Betonung des Positiven – des Vorhandenen, des Tatsächlichen, des Ganzen, des Gegebenen. Neben diesen Faktoren ist die bei weitem wichtigste Kraft die ‚helfende‘ Situation, die nicht nur in der Psychotherapie wirkt, sondern auch in der Beziehung mit Ärzten, Geistlichen, Lehrern, Juristen, Sozialarbeitern und Freunden.

Mit der Positiven Psychotherapie können wir von *drei Dimensionen der Psychotherapie und Psychosomatik* sprechen: Psychotherapie im engeren, im weiteren und im umfassenden Sinn. In Anlehnung an N. Peseschkian (1991a) meint *Psychotherapie im engeren Sinn* den Patienten und seine Erkrankung, also den Bereich, auf den sich die übliche Medizin beschränkt. Unter *Psychotherapie im weiteren Sinne* wird die Bedeutung und der Einfluss psychischer Aspekte auf den Patienten und seine Erkrankung, die Auswirkungen der körperlich-seelischen Erkrankung auf den Betroffenen und sein Leben und die Reaktionen der Umwelt auf die Erkrankung verstanden. Aber auch Fragen der Beziehung von Arzt und Pflegepersonal zum Patienten, sozioökonomische Faktoren und das Menschenbild von Patient, Arzt und Umwelt werden hierzu gezählt. Die *Psychotherapie im umfassenden Sinn* ist eingebettet in das soziokulturelle Umfeld, das in mancher Hinsicht die „Vier Bereiche der Konfliktverarbeitung" widerspiegelt. Zu ihr zählen die Sphären des Individuums, der Wissenschaft, der Kultur, der Politik und Wirtschaft, sowie der Religion und Weltanschauung. Die Psychosomatik im umfassenden Sinn bezieht neben den körperlich-seelischen Wechselwirkungen das gesellschaftliche Bedingungsgefüge ein, in der ein Mensch lebt und durch das die Reaktion seiner Umwelt auf ihn und umgekehrt seine Reaktionen auf seine Umwelt verständlich werden. Auch der jeweilige Zeitgeist wird hier berücksichtigt.

Nach Wolberg (1977) kann man in diesem Zusammenhang fünf wesentliche Faktoren unterscheiden: den Placebo-Effekt, die Dimension der Beziehung, die emotionale Katharsis, die Suggestion und die Gruppendynamik. Diese Elemente werden im folgenden näher erläutert, da sie für das Verständnis transkultureller Psychotherapie von großer Bedeutung sind.

1) Das Placebo-Phänomen

Aus der Medizin wissen wir seit Jahrzehnten, dass Placebos bei zahlreichen Störungen wirksam sein können (Beecher, 1955, 1970; Hollander u. Harlan, 1973; Justice, 1991; Ernst, 1998; Kirsch u. Sapirstein, 1998). Man hat sogar die Geschichte der Medizin auch als Geschichte des Placebos charakterisiert (Shapiro, 1964). Placebo könnte man als die Applikation irgendeiner Therapie (aktiv oder nicht) bezeichnen, die gewisse Wirkungen aufgrund der Erwartung eines Nutzens haben kann (Krapf, 2001). Ein Placebo-Effekt wird definiert als Befindensänderung des Patienten, die dem symbolischen Gehalt des Heilungsvorganges und/oder der unspezifischen pharmakologischen oder physikalischen Wirkung zuzuordnen ist (Paar, 1986). Aus dieser Definition ergibt sich, dass jede aktive Behandlung Placebo-Komponenten enthält. Besonders wichtig ist dieses Phänomen in der Psychotherapie, wo die therapeutische Beziehung im Vordergrund steht. Aus transkultureller Sicht können in diesem Zusammenhang Ketten und Amulette genannt werden, die einen Placebo-Effekt in verschiedenen Kulturen ausüben. Auf die Psychotherapie übertragen bedeutet dies, dass Menschen ihre Heilungserwartung in Techniken oder Methoden projizieren und so diesen Techniken Kräfte beimessen, unabhängig davon inwieweit dies verifizierbar ist. Es existiert eine enge Korrelation zwischen Überzeugung und Heilung. Zum Beispiel führt das Sitzen im Warteraum einer Poliklinik zu einer deutlichen Verbesserung der Beschwerden (Frank, 1963). Auch ist die Injektion eines Arztes wirksamer als die einer Krankenschwester (Walach, 1992).

Therapieformen, die nach Meinung des Patienten esoterische, magische oder mystische Qualitäten besitzen, bewirken am ehesten einen Placebo-Effekt. Medikamente, Amulette und Techniken sind zwar starke Placebo-Quellen, aber bei weitem nicht so mächtig wie die Autorität eines Menschen mit einem inspirierenden Flair. Hier hat der Heiler einen großen Vorteil dem Arzt gegenüber, der den Zwängen von Wissenschaft und Ethik unterworfen ist. Die Hoffnung ist ein wesentlicher Faktor im Heilungsprozess. Falls aber der Therapeut selbst Zweifel über die Wirksamkeit seines therapeutischen Systems hat, können diese Zweifel und der entstehende Pessimismus den Glauben im Patienten auslöschen. Gleichzeitig muss auch der Patient Vertrauen in die Heilungsmethode und den „Heiler" haben – welche Methode angewandt wird, ist eher sekundär. Mit diesem Glauben an seinen Heiler wird der Patient an die Wirksamkeit der angewandten Methoden glauben, ungeachtet der Tatsache, ob diese wissenschaftlich sind oder nicht.

2) Die Dimension der Beziehung
Jede ‚helfende' Situation ist charakterisiert durch eine besondere Art der Beziehung zwischen der Autorität und dem Subjekt. Je hilfloser und hoffnungsloser der Patient, desto größer das Vertrauen, welches der Patient in den Therapeuten setzt. Durch das Instrumentarium der Beziehung werden im wesentlichen folgende Prozesse in Gang gesetzt, die einen heilenden Effekt auf den Patienten ausüben können:

- Der von seinen eigenen Emotionen geplagte Patient erhält die Möglichkeit, sein Schicksal in die Hand einer helfenden, verstehenden, beschützenden und nicht-bestrafenden Autorität zu legen. Es gibt eine Tendenz, den Therapeuten als eine mehr oder weniger unfehlbare, gottähnliche Autorität („Halbgötter in Weiß") zu idealisieren, was wiederum Hoffnung auslöst.
- Aus dieser Abhängigkeit resultiert das Bedürfnis, von der Autorität eine Erklärung für die Störung beziehungsweise Krankheit zu erhalten, in einer Art und Weise, wie sie für den Patienten verständlich und annehmbar ist. Die tatsächliche Gültigkeit der vorgeschlagenen Ursachenfaktoren ist nicht so wichtig wie die Bereitschaft des Patienten, diese zu akzeptieren.
- Der Patient erwartet von der Autorität eine Formel, die die tatsächliche oder vorgestellte Ursache beseitigen wird.

Diese und andere Prozesse wirken in allen Beziehungen, nicht nur in psychotherapeutischen. Die Wichtigkeit dieser Beziehungsfaktoren wird häufig unterschätzt und Techniken beziehungsweise Theorien in ihrer Wirksamkeit überschätzt. In diesem Zusammenhang ist festgestellt worden, dass die Wiederherstellung des Urvertrauens die wichtigste Aufgabe in allen Formen der Psychotherapie ist (Strupp, 1972b). Während die Dimension der Beziehung in allen menschlichen Begegnungen wirkt, so kann sie doch am wirksamsten von einem trainierten Psychotherapeuten genutzt werden, der tiefe Einsichten in die Natur menschlicher Beziehungen hat.

3) Der Faktor der emotionalen Katharsis
Der bloße Akt des Redens kann sehr befreiend und erleichternd wirken, wenn Ängste, Spannungen und negative Energie dadurch abgegeben werden können. Diese Erleichterung kann sich theoretisch in der Gegenwart jedes beliebigen Zuhörers einstellen, sei es ein guter Freund oder eine akzeptierte Autorität. Der Psychotherapeut kann nun durch die Aneignung bestimmter Techniken lernen, diesen Prozess im Patienten zu ermutigen und zu fördern.

4) Der Faktor der Suggestion
Menschen werden ständig von verschiedenen Faktoren – bewusst oder unbewusst – beeinflusst, insbesondere in Beziehungen, die zwischen einer Autorität und einer ‚einfachen' Person entstehen. In jeder ‚hilfreichen' Beziehung sind verschiedene Kräfte aktiv, so auch das Bedürfnis, sich mit der helfenden Person zu identifizieren, die eine Art Modell oder Vorbild darstellt. Dies kann nicht nur eine Erleichterung für den Patienten bewirken, sondern bei einem ‚guten und gesunden' Vorbild kann es durch diese Identifikation zu einer Veränderung der Persönlichkeit des Patienten kommen.

Suggestion findet nun in allen Formen von Psychotherapie statt, sogar in der Psychoanalyse mit der Abstinenzhaltung des Therapeuten (Bibering, 1954). Es ist postuliert worden, dass die Eignung eines Menschen für die Psychotherapie von der potentiellen Offenheit suggestiven Einflüssen gegenüber abhängig ist (Strupp, 1972a). Folgende Faktoren können nun die Beeinflussbarkeit des Patienten erhöhen.

Die anachronistischen Reste des Bedürfnisses nach beschützenden Eltern, welches in allen Menschen vorhanden ist, macht den Menschen empfänglicher für Suggestion, wenn sie in der Gegenwart eines Autoritätssymbols angewandt wird. Eine Autorität gewinnt an Einfluss durch folgende Faktoren: Auftreten, Status, Reputation, Berühmtheit, Charisma und Akzeptanz in der Gruppe. Ein weiterer Faktor ist Angst. Sie führt über eine Zunahme der Abhängigkeit zu einer stärkeren Suggestibilität. In seiner Verzweiflung klammert sich der Mensch an jede potentielle Hilfsquelle und reagiert dramatisch auf angebotene Ratschläge und Hilfe. Verweigerung und ein niedriges Selbstwertgefühl erniedrigen die Schwelle der Suggestibilität. Ein weiterer Faktor ist die Art der Erklärung der Krankheitsursache, die für den Patienten annehmbar sein muss. Ob sie wahr im eigentlichen Sinne ist, spielt eine sekundäre Rolle.

5) Die Gruppendynamik

Gruppen üben einen machtvollen Einfluss auf Einzelne aus. Therapeutisch wird dies z.B. bei den Anonymen Alkoholikern und anderen Gruppen eingesetzt. Wenn eine Person einer Gruppe angehört, die er respektiert und der er angehören möchte, kann die Gruppe eine Verhaltensänderung bewirken, in dem er vor die Wahl gestellt wird, sein Verhalten zu ändern oder die Gruppe zu verlassen. Hier wird nun eine Veränderung oder Anpassung des Verhaltens nötig, um in der Gruppe bleiben zu können. Die Wirkung der Gruppendynamik kann sowohl konstruktiv in der Gruppentherapie, als auch in anderen Settings, wie z.B. Sekten, kriegerischen Auseinandersetzungen, Banden etc. eingesetzt werden.

Für eine erfolgreiche Therapie sind somit folgende Faktoren (Wolberg, 1977) notwendig. Diese sind jedoch nicht nur auf die therapeutische Situation begrenzt, sondern sind in jeder ‚helfenden' Situation vorhanden: Hoffnung, Vertrauen, die Freiheit des Reagierens, Glaube und Zuneigung. Es ist die Aufgabe des Therapeuten, eine Atmosphäre zu schaffen, die es dem Patienten ermöglicht, diese Fähigkeiten zu entwickeln. Nach Kondraschenko und Donskoi (1997) machen folgende Eigenschaften einen guten Psychotherapeuten aus: Empathie, Herzlichkeit, Wärme und Güte in der Beziehung zur Umwelt, Aufmerksamkeit, die Fähigkeit, den Patienten zu verstehen, und Kreativität. Das bisher Gesagte zeigt, dass die Beziehung zum Patienten eine weitaus größere Bedeutung hat als die Methode oder das Setting.

Nachdem einige Kriterien der Wirksamkeit von Psychotherapie beschrieben worden sind, soll nachfolgend die heutige Psychotherapie in Russland dargestellt werden. Es soll untersucht werden, inwieweit die heutige russische Psychotherapie die allgemeinen Wirkungskriterien effektiver Psychotherapie erfüllt[12].

Kurzer historischer Abriss der Entwicklung von Psychologie und Psychotherapie in Russland

Um die heutige Situation der Psychotherapie in Russland verstehen zu können, muss man sich mit der geschichtlichen Entwicklung von Psychologie, Psychiatrie und Psychotherapie in Russland beschäftigen und die verschiedenen Einflüsse auf die Entwicklung dieser Fächer eingehend studieren. Dies ist in dieser Arbeit nicht möglich. Da die Entwicklung dieser Gebiete wesentlich von

12. Eine Vergleichsuntersuchung in Deutschland und anderen Ländern böte sich an.

Gesellschaft, Politik, Zeitgeist, Ideologie und Kultur beeinflusst wird und Russland während der letzten 130 Jahre (seit Abschaffung der Leibeigenschaft im Jahre 1861) immer wieder fundamentale Veränderungen durchgemacht hat, kann im begrenzten Rahmen dieser Arbeit nur kurz auf die Geschichte der russischen Psychotherapie eingegangen werden. Eingehender beschäftigen sich folgende Autoren mit dieser Entwicklung: Ackerknecht, 1985; Karvasarsky, 1985, 1993; Petrovsky, 1990; Kabanov, 1993; Dmitrieva, 1994a; Gonopolsky, 1994; Karkos, 1994; Semyonova, 1994; Wied, 1994; Etkind, 1996; Alexandrovski, 1997; Kondraschenko u. Donskoi, 1997; Burno, 2000; Makarov, 2000).

Nach Petrovsky (1990) kann die Entwicklung der Psychologie in Russland in vier große Perioden unterteilt werden:

1. Die Periode von Anfang des 20. Jahrhunderts bis Anfang der 1920er Jahre. Aus dem Studium dieser Zeit wird die Vorgeschichte der sowjetischen Psychologie erst verständlich. Hier spielen vor allem die naturwissenschaftlich-materialistischen Strömungen des 19. Jahrhunderts eine besondere Rolle.
2. Die Periode von Mitte der 1920er Jahre bis Ende der 1930er Jahre. Hier ging es vor allem um die Formulierung einer psychologischen Theorie, die auf den Lehren des Marxismus basierte.
3. Diese Periode begann Ende der 1930er/Anfang der 1940er Jahre und kann als die moderne Geschichte der sowjetischen Psychologie bezeichnet werden. Hier ging es um die Schaffung eines Systems einer sowjetischen Psychologie-Wissenschaft, basierend auf den marxistisch-leninistischen Ideen und dem Bestreben, die Psychologie in den Dienst der ‚Errichtung des Sozialismus' zu stellen.
4. Die letzte Periode beginnt in den 1980er Jahren und hält noch an. Sie erhielt einen besonderen Impuls durch das Denken der ‚Perestrojka' und ist durch eine Vielzahl von neuen Ansätzen charakterisiert.

In diesem kurzen Abriss wollen wir die Geschichte in drei Etappen unterteilen, unter Berücksichtigung der jeweiligen Menschenbilder und der Entwicklung der (klinischen) Psychotherapie (Burno, 2000; Karvasarsky, 2000, Makarov, 2000).

1) Die vorsowjetische Periode

Die wissenschaftliche Tendenz in der russischen Psychologie wurde im wesentlichen von I.M. Setschenow von 1863 an begründet, der eine Reflextheorie der psychischen Aktivität entwickelte, die zur materialistischen Psychologie führte. W.M. Bechterew (1857-1927) entwickelte später insbesondere die Hypnose und die Suggestion als Behandlungsverfahren weiter und wurde zu einem Mitbegründer der rationalen Psychotherapie. I.P. Pawlow (1849-1936) führte diese Gedanken fort und entwickelte seine Theorie der Konditionierung und begann um 1900 die überholte psychologische Psychologie durch eine ‚physiologische' objektive Psychologie zu ersetzen. Nach der Pawlowschen Lehre haben alle psychischen Prozesse ihre gemeinsame Grundlage in der reflektorischen Tätigkeit des Hirns. Gegenstand der Psychologie habe die Erforschung des reflektorischen Prozesses in der Hirnrinde des Menschen zu sein (Wetter, 1958).

Die Psychoanalyse nun entwickelte sich zunächst bis 1917 in Russland und in Westeuropa recht ähnlich, da die Entwicklung in Russland sehr eng an der psychoanalytischen Bewegung insgesamt orientiert war. So nahmen z.B. russische Psychoanalytiker an internationalen Kongressen teil, die Bücher von Sigmund Freud wurden veröffentlicht, es gab psychotherapeutische Fachzeitschriften und es wurde ein ‚Staatliches Institut für Psychoanalyse' gegründet. Einen Überblick über den damaligen Stand der Psychoanalyse gibt A. Etkind (1996).

In Bezug auf das Menschenbild dieser Periode lässt sich feststellen, dass es ein materialistisch-naturwissenschaftlich-physiologisch ausgerichtetes war, aus welchem sich dann später das sozialistische Menschenbild entwickelte.

2) Die sowjetische Periode
In den 1920er Jahren beschäftigte man sich zunächst mit der Frage, ob die Freudsche Psychoanalyse eine Wissenschaft und inwieweit sie mit dem Marxismus vereinbar sei. In dieser Zeit wurde auch der sogenannte reflexologische Freudianismus gegründet, der eine Integration von Marx und Freud auf der ‚reflexologischen' Basis anstrebte. Kurz darauf wurde die Psychoanalyse als antimarxistisch verurteilt, das psychoanalytische Institut geschlossen und der Name Sigmund Freud erschien nur noch, wenn er als Feind erwähnt wurde. Pawlow soll einmal folgendes Beispiel angeführt haben: „Zwei Gruppen von Bergarbeitern begannen, einen Tunnel am Fuße eines Berges zu graben, mit der Absicht ans Licht zu gelangen – nämlich zum Verständnis des menschlichen Verstandes. Freud begann nach unten zu graben und hat sich immer tiefer in das Labyrinth des Unterbewusstseins gegraben, während wir bald ins Freie, ans Licht kommen werden." (nach Field, 1960, zitiert in Semyonova, 1994).

In den folgenden Jahren wurde betont, dass aus sowjetischer Sicht die grundlegende Struktur der Persönlichkeit das Bewusstsein sei (Ivanow, 1961). Der sowjetische Ansatz in Bezug auf psychische Erkrankungen hatte zwei theoretische Unterbauten, die Lehren von Pawlow und Marx. Insbesondere die Lehren von Marx und die Erklärung menschlichen Verhaltens als Produkt der ökonomischen und sozialen Bedingungen der Gesellschaft führten dazu, dass Behandlung vorwiegend soziologischer und re-edukativer Art sein sollte. Dies führte wiederum zu einer Reduzierung der Psychotherapie auf vorwiegend direktiv-suggestive Techniken der Beeinflussung, in deren Folge dann eine Vielzahl von suggestiven Therapieformen entstanden (Rojnow, 1979; Swijadosch, 1982). Mit der Suggestion und ihren medizinischen, physiologischen, psychologischen, sozial-psychologischen und pädagogischen Aspekten haben sich Wissenschaftler wie B.M. Bechterew, I.P. Pawlow, A.S. Makarenko, A.W. Petrowski, W.E. Rojnow und A.T. Filatow beschäftigt (siehe Karvasarsky, 1985).

Eine große Rolle spielte auch die Gruppentherapie, auch ‚kollektive Psychotherapie' genannt (Ivanov, 1959, 1961; Groisman, 1969; Rojnow, 1979). Die theoretische Basis der Gruppentherapie in der UdSSR bildeten die Arbeiten von Bechterew und seinem Schüler W.N. Mijasischew (Karvasarsky, 1985). Letzterer entwickelte maßgeblich in den 1930er und 1940er Jahren die sogenannte ‚pathogenetische Psychotherapie' (Mijasischew, 1960). Dies stellte die Grundlage für die Entwicklung der ‚Leningrader persönlichkeitsorientierten Psychotherapie' dar. Die Gruppentherapie basierte auf den Prinzipien der sowjetischen Pädagogik zum Einfluss des Kollektivs auf den Einzelnen. Die Gruppe schien hierfür ein sehr geeignetes Setting zu bieten. Erwähnt seien in diesem Zusammenhang die Erziehungstheorien von A.S. Makarenko (1951), die einen nachhaltigen Einfluss auch auf die Gruppentherapie ausgeübt haben. Nach Makarenko, der sich besonders mit der Beziehung des Einzelnen zur Gesellschaft auseinander setzte, werden Einzelne nicht nur durch die Gruppe geformt, sondern sie erlangen ihr Bewusstsein (durch ihr Engagement) in Gruppen. Die Behandlung hat somit zum Ziel, dass der Einzelne sich an die Gruppe anpasst und ein ‚besseres' Mitglied der Gruppe wird. Das therapeutische Vorgehen orientierte sich an diesen Zielen und war leiter- und aufgaben-orientiert, direktiv und instruktiv-didaktisch. Die therapeutische Beziehung war hierarchisch aufgebaut, der Patient hatte dem Arzt zu gehorchen.

Dadurch, dass sich russische und sowjetische Wissenschaftler in der Psychotherapie vorwiegend mit der Hypnose und der Physiologie beschäftigt haben, haben sie andere Aspekte weitgehend unberücksichtigt gelassen. Als Folge wurden einige Aspekte der Psychotherapie, wie z.B. Hypnose und Suggestion weiter entwickelt und verfeinert, aber andere, insbesondere nicht-direktive Methoden, kamen in ihrer Anwendung zum Stillstand (Kondraschenko u. Donskoi, 1997). 1959 kam es in Prag zum Ersten Internationalen Psychotherapie-Symposium der Sozialistischen Staaten. Später wurden in Charkow, Moskau und Leningrad Lehrstühle für Psychotherapie eingerichtet. Die Leningrader Schule entwickelte auf der Basis der pathogenetischen Psychotherapie die persönlichkeitsorientierte Psychotherapie, die nach Karvasarsky (2000) „die einzige russische psychodynamische Methode darstellt." Die Moskauer Schule entwickelte die sog. emotionale Stress-Psychotherapie, die Charkower Schule konzentrierte sich vorwiegend auf suggestive Techniken und die Hypnose.

Karvasarsky (1995) fasst zusammen, dass „die post-revolutionäre Periode sich insgesamt als nicht fruchtbar für die Psychotherapie erwiesen hat."

3) Perestrojka und die heutige Periode

1970-80, ausgelöst durch gesellschaftlich-politische Veränderungen, wurde festgestellt, dass durch einen weniger autoritären und didaktischen Ansatz größere Erfolge in der Behandlung erreicht werden können. Karvasarsky (1993) fasst dies in den Worten zusammen: „Nun ist Psychotherapie mehr auf die Entwicklung der menschlichen Persönlichkeit, auf die Enthüllung des inneren Potentials, und die Verbesserung der psychologischen und sozialen Funktion des Einzelnen ausgerichtet" (freie Übersetzung). Später, basierend auf den Arbeiten von Mijasischew, wurden dann in Leningrad neue Konzepte in der Gruppenpsychotherapie und Ansätze wie die persönlichkeitsorientierte (rekonstruktive) Psychotherapie entwickelt, die sich von den bisherigen Ansätzen deutlich unterschieden (Karvasarsky, 1980, 1985, 1993). Seit Ende der 1980er Jahre kann ein wahrer ‚Psycho-Boom' in Russland beobachtet werden, der sich in mehreren Etappen entwickelt hat. Zunächst fanden Seminare und Trainingskurse westlicher Psychotherapeuten für große Gruppen von interessierten russischen Kollegen statt. Dies geschah jedoch vorwiegend nur in Moskau und St. Petersburg. Sogar einige damals noch lebende ‚Altmeister' der Psychotherapie reisten damals zu Vorträgen nach Moskau und begeisterten die Kollegen. Anfang der 1990er Jahre fanden dann regelmäßige Psychotherapie-Wochen, vor allem unter der Leitung von Prof. Makarov im sibirischen Krasnojarsk und anderen Orten statt, die gewissermaßen mit den deutschen Psychotherapie-Wochen in Lindau zu vergleichen sind. Ab Mitte der 1990er Jahre wurden dann zunächst in ganz Russland Seminare von russischen Therapeuten abgehalten, die bei den westlichen Fachleuten gelernt und an deren Seminare teilgenommen hatten. Seit einigen Jahren haben nun diese Kollegen ihre eigenen Methoden oder Ansätze entwickelt, die in Seminaren weitergegeben werden. Fachbücher waren Anfang der 1990er Jahre so gut wie nicht erhältlich. Zunächst wurden westliche Fachbücher übersetzt, die es heute (2001) in großen Mengen, zumindest in Moskau und St. Petersburg, zu kaufen gibt. In den letzten Jahren haben auch zunehmend russische Kollegen ihre Arbeiten publiziert, so dass mittlerweile eine große Auswahl an Literatur existiert.

Makarov (2000) fasst die Entwicklung der russischen Psychotherapie zahlenmäßig wie folgt zusammen: Bis 1975 habe es überhaupt keine Psychotherapie in der damaligen Sowjetunion gegeben. Im Jahre 1975 wurde ein 10-jähriges Projekt initiiert mit dem Ziel 200 Psychotherapeuten für das gesamte Land zu haben (d.h. ein Therapeut auf eine Million Bewohner). Im Jahre 1980 wurde die Psychotherapie als medizinische Subspezialität anerkannt. Nach Angaben des russischen Gesundheitsministeriums gab es im Jahre 2000 in Russland 2.000 Psychotherapeuten, 2.000 medizinische Psychologen, 15.000 Psychiater und 4.000 Suchtmediziner (auf Sucht spezialisierte Psychiater). Fünfzig Prozent von ihnen leben jedoch in Moskau oder St. Petersburg. Im Vergleich gab es 300.000 „registrierte" Volksheiler. Es gibt somit 150 mal mehr Volksheiler als Psychotherapeuten im heutigen Russland.

Zusammenfassend möchten wir feststellen, dass für eine sehr lange Zeit Psychologie und Psychotherapie in Russland durch ein materialistisch-physiologisches Menschenbild geprägt wurden. Der Einfluss dieses Menschenbildes auf die heutige Arzt-Patient-Beziehung wird nachfolgend beschrieben.

* * * *

Der Patient in Russland

„Wenn jemand Gesundheit sucht, frage ihn erst, ob er auch bereit ist,
zukünftig alle Ursachen seiner Krankheit zu meiden –
erst dann darfst du ihm helfen."
Sokrates (zitiert nach N. Peseschkian, 1991)

Nachfolgend werden „typische" Verhaltensmuster russischer Patienten aufgeführt und mit denen „typischer" westlicher Patienten verglichen. Eine Kasuistik einer Patientin soll dies zunächst veranschaulichen.[13]

Kasuistik 1:

Katja (22 Jahre): „Ich bin wie eine giftige Blume"
Die 22-jährige Patientin kommt wegen Angstzuständen in die Ambulanz. Sie berichtet über Angst vor der Zukunft und seit einiger Zeit auch über Angst an Brustkrebs zu erkranken, nachdem ein Knoten sich in einer Mammographie gezeigt habe. Sie wolle in der Therapie an sich arbeiten, sei zu abhängig von anderen, könne nicht nein sagen. „Ich habe Entscheidungsschwierigkeiten und bin sehr abhängig von anderen. In der letzten Zeit habe ich zunehmend Probleme mit meinem Freund Kevin. Ich bin mir nicht sicher, ob ich mit ihm zusammen bleiben möchte, kann mich aber auch nicht richtig trennen. Außerdem stehe ich unter starkem beruflichen Stress." Körperlich leide sie unter leichten Kopfschmerzen, die vor allem an Wochenenden erheblich zunehmen würden, und unter Einschlafstörungen.

Katja arbeitet als Research Analyst bei einer Unternehmungsberatungsfirma in Moskau, wo sie mit ihren Eltern, dem Bruder (und drei Hunden) in einer gemeinsamen Wohnung lebt. Seit einigen Jahren hat sie einen Freund (Kevin aus England), der auch in Moskau arbeitet.

---

13. Diese Patientin wurde, ebenso wie die anderen Fallbeispiele in diesem Buch, von mir in der psychotherapeutischen Ambulanz des American Medical Center in Moskau behandelt. Die Namen sind anonymisiert. Die Aussagen beruhen auf meinen persönlichen Aufzeichnungen während der Sitzungen.

Erstinterview (1.- 3. Sitzung)
Nach *belastenden Lebensereignissen* in den letzten Jahren gefragt, verneint sie diese zunächst: „In meinem Leben war alles normal". Beim Nachfragen gibt sie schließlich folgende Ereignisse an: Abschluss der Universität und Beginn des Berufslebens; derzeitigen Freund Kevin vor zwei Jahren kennen gelernt; vor zwei Jahren von zu Hause ausgezogen, um mit dem Freund zusammenzuleben. Die Eltern seien wegen moralischer Gründe dagegen gewesen; vor einem halben Jahr – nach Streit mit Freund – wieder zurück zu den Eltern; zweimaliger Wechsel der Arbeitsstelle; ein Hund sei verstorben („mit ihm ist auch ein Teil von mir gestorben").

In diesem Rahmen wurde sie auf *frühere Beziehungen* angesprochen: mit 14 Jahren erster Sexualverkehr (mit Volodja). Blieb fünf Jahre mit ihm zusammen. „Meine Eltern durften nichts wissen, ich sollte ein Engel sein." Danach mit einem Schweden (Gustav) für ein Jahr zusammengewesen. Dann einige Wochen ohne festen Partner. Seit zwei Jahren mit heutigem Freund (Kevin) zusammen. „Mit Gustav hatte ich erst nach unserer Trennung Sex. Ich habe Sex als Protest gegen alles und alle eingesetzt. Mit Kevin hatte ich bereits Sex am ersten Tag als wir uns in Paris kennen gelernt haben. Es gab immer viele Männer, die mich haben wollten. Nach der Trennung von Gustav bin ich für kurze Zeit wieder zu meinem ersten Freund Volodja zurückgekehrt. Wir haben zwar miteinander geschlafen, aber es war nichts ernstes. Nach einer Woche habe ich dann Kevin kennen gelernt. Als ich mich von Kevin getrennt habe, bin ich am gleichen Tag zurück zu Volodja. Ich habe eine komplizierte Beziehung zum Sex. Ich rede lieber mit Männern und kann mich schwer entspannen, da ich sehr angespannt bin."

Grundkonflikt: Katja ist bei den Eltern und Großeltern aufgewachsen. Die Eltern seien beruflich sehr engagiert gewesen und hätten sich keine Zeit für sie genommen („Sie haben meine Leistungen nie anerkannt oder bewundert"). Der Vater ist Techniker, die Mutter Verwaltungsangestellte. Die elterliche Liebe habe sie als bedingt erlebt – abhängig von gutem Benehmen („brav sein", „störe uns bloß nicht"). Die Arbeit sei der Lebensinhalt der Eltern gewesen (Mutter: „Du warst als Kind für uns nicht auf unserer „Zu-Bearbeitung-Liste"). Sei früh zur Selbständigkeit erzogen worden, was für die Eltern sehr wichtig war. Im Alter von 4 Jahren zog sie mit den Eltern für 5 Jahre in die Mongolei (beruflich bedingtes Projekt des Vaters). Die Eltern hätten dort nur gearbeitet, sie sei alleine zu Hause gewesen, ohne Freunde, ohne Großeltern. Ihre Leistungen seien nie anerkannt worden. Zu Hause gab es ständig Streit zwischen der Mutter, der Großmutter und der Ur-Großmutter, aber Probleme oder Konflikte wurden nicht offen besprochen. „Meine Eltern sagten immer nur: „Alles wird gut werden." Es gab keine Problemlösungsansätze. Die Ehe der Eltern habe sie als normal empfunden. Die Mutter habe den Vater ständig dominiert. Den Vater habe sie emotional als echten Mann empfunden, aber körperlich als sehr schwach. Die Mutter sei eine schwierige Person. Sehr religiös, ungeduldig, emotional kühl und habe sich auch körperlich zurückgezogen. Sie sei wohl immer frigide gewesen und habe zu ihr (Katja) gesagt: „Wie kannst du bloß mit Männern Sex haben?". Aber ich sollte ihr alles erzählen, was ich erlebt habe. Die Mutter habe sich weder geschminkt noch schöne Kleider angezogen. Zwischen den Eltern gab es – zumindest vor den Kindern – keinen Austausch von Zärtlichkeiten. Zwar habe der Vater immer wieder Versuche unternommen, diese wurden aber abgewiesen. Die Mutter sei zu den Kindern nicht zärtlich gewesen. Die Mutter komme auch aus einer emotional kühlen Familie. Die Großmutter mütterlicherseits habe drei Suizidversuche unternommen und ständig damit gedroht, sich umzubringen.

Wünsche an die Therapie: „Ich will lernen alleine zurecht zu kommen. Ich habe Angst, Kinder zu haben – was soll ich ihnen geben? Ich habe Angst vor dieser Verantwortung, dann bin ich ein Leben lang gebunden. Ich bin enttäuscht von Beziehungen. Immer wenn ich einen Mann treffe, glaube ich, dass er der Beste sei. Zu Frauen habe ich keine gute Beziehung, sie sind uninteressant. Im Grunde führe ich eine Art Doppelleben, alle glauben, dass ich ein Engel bin und dabei habe ich so viele Beziehungen. Meine Mutter würde ich als frigide bezeichnen. Ich selbst habe eine gestörte Beziehung zur Sexualität, ich will lieber reden, kann schwer los lassen und mich hingeben. Bin innerlich immer so angespannt. Ich fühle mich in Beziehungen eingeengt, wie an einer Hundeleine. Ich kann mich nicht von anderen Menschen emotional abgrenzen. Es fällt mir schwer Grenzen zu setzen. Es fällt mir schwer, alleine zu sein. Ich brauche männliche Aufmerksamkeit. Ich bin wie eine giftige Blume: sie ist wunderschön und zieht dadurch die Bienen an, tötet diese dann jedoch."

Therapieverlauf:
Die Patientin kam insgesamt zu 8 wöchentlichen Einzelsitzungen innerhalb von zwei Monaten.

1. Sitzung: In der ersten Sitzung ging es neben den Lebensereignissen der letzten Jahre, um ihre bisherigen Beziehungen (s.o.). Auf ihre Zukunft angesprochen, sagte Katja: „Ich will alleine (ledig) sein. Ich habe Angst Kinder zu haben, was soll ich ihnen geben? Auch habe ich Angst vor einer solchen Verantwortung; dann bin ich ein Leben lang gebunden. Ich bin enttäuscht von Beziehungen und habe Männer satt. Bei jedem Mann, den ich neu treffe, glaube ich, dass er der Beste sei. Zu Frauen habe ich keine gute Beziehung, sie sind uninteressant. Alle Verwandten und Freunde meinen, dass ich ein Engel bin. Sie wissen nicht, dass ich – wie ein Spion – ein Doppelleben führe.

2. Sitzung: „In Beziehungen fühle ich mich unfrei, wie an einer Hundeleine. Auch kann ich mich emotional von anderen Menschen nicht abgrenzen. Ich kann Kevin schwer Grenzen setzen. Ich will so akzeptiert werden, wie ich bin und nicht, wie ich sein sollte.

Inhaltlich besprachen wir das Thema Grenzen setzen und der Patientin wurde vorgeschlagen, für 6 Monate keine Beziehung einzugehen und sich mit Kevin darauf zu einigen, bis jeder wisse, was er/sie eigentlich wollte. Ein weiteres Thema war: wie fühle ich mich in einer Beziehung? Was will ich überhaupt?

3. Sitzung: „Es ist schwer für mich, alleine zu sein. Ich brauche männliche Aufmerksamkeit. Ich bin wie eine giftige Blume: sie ist hübsch und zieht die Bienen an, um sie später zu töten. Ich habe es eigentlich noch nie erfahren, wie es ist, wenn man sich richtig verliebt. Ich habe Beziehungen nur benutzt, um sie dann wegzuwerfen." Inhaltlich besprachen wir auch die positiven Aspekte des Alleinseins.

4. Sitzung: Bearbeitung von Männer- und Frauenbildern der Patientin. Bedeutung des Bereichs „Körper/Gesundheit im Elternhaus.

Der Vater sei für sie fast der ideale Mann, die Mutter jedoch nicht. Alle bisherigen Partner seien diesem Idealbild nicht sehr nahe gekommen, und seien emotional abhängige Männer gewesen, die sie nie verlassen hätten. Bei der Selbstbeschreibung stellte sie sich als liebevolle Person mit mütterlichen Gefühlen dar. Sie sei kompromissbereit, wenn sie etwas verstünde. Sie sei unabhängig; körperliches Aussehen und Auftreten seien ihr sehr wichtig. „Jeden Mann, den ich treffe, muss ich anziehen. Ich habe ein niedriges Selbstwertgefühl und glaube nicht, dass ich gut aussehe." In der Ursprungsfamilie hieß es immer wieder: „Übertreibe ja nicht deinen Körper. Versuche nicht mehr darzustellen, als du bist." „Ich habe nie von meinen Eltern eine positive Rückmeldung über meinen Körper oder Aussehen erhalten. Wenn ich mich in der Schule geschminkt hatte, dann wusch ich später alles im Waschbecken ab, damit meine Eltern dies nicht mitbekommen würden." Der Vater habe auf sein Aussehen geachtet, die Mutter nicht. „Wenn wir krank waren, dann hat sich die Mutter sehr um die Gesundheit gekümmert. Essen war bei uns der Gott zu Hause. Essen war und ist alles für meine Eltern." Nach dem Balance-Modell der Positiven Psychotherapie waren im Elternhaus die Bereiche „Leistung" und bestimmte Aspekte des „Körpers" sehr wichtig.

5. Sitzung: Zunächst erfolgte ein längeres Gespräch über Sinn und Zweck der Psychotherapie. Die Patientin wurde vom Therapeuten auf ihre Widerstände angesprochen. Die Patientin berichtet, dass sie sich in Gruppen ständig zurückhalten würde, insbesondere wenn sie Konkurrenz verspüre. „Warum sollten andere an mir interessiert sein?" „Ich schätze mich selbst nicht hoch ein. Mein Körper ist nicht perfekt. Ich muss immer alles perfekt machen und darf keine Fehler machen. Meine Leistungen waren für die Eltern nie gut genug. Daraus resultierte das Gefühl des Unvollkommenseins. Ich bin heute enttäuscht und niedergeschlagen, wenn ich etwas nicht perfekt erledige."

Inhaltlich wurde mit ihr das Thema Menschenbild und Selbstwert besprochen: „Sie sind einzigartig und haben eine Fülle von Fähigkeiten." Auch der Unterschied zwischen ergebnisorientiertem und prozessorientiertem Vorgehen wurde besprochen.

6. Sitzung: Mein Therapieziel ist es, mein Verhalten zu verändern und ein stärkeres Selbstwertgefühl zu entwickeln. Ich will sensibler und emotionaler werden.

Wenn mir jemand sagt, ich liebe dich, dann frage ich mich immer, weshalb mich, ich bin unwürdig geliebt zu werden. Gleichzeitig war ich maximal 1,5 Monate ohne Partner und dies war sehr schwer für mich.

Gefragt über die Bedeutung des Körpers im Elternhaus: „Meine Mutter war nie zärtlich zu uns Kindern. Auch habe ich meine Eltern nicht miteinander schmusen sehen. Wenn überhaupt was vor uns Kindern passierte, dann ging es immer von meinem Vater aus und die beiden verhielten sich mehr wie Kinder zueinander. Die Mutter kümmerte sich sehr um uns, wenn wir krank waren. Essen war zu Hause wie ein Gott. Essen war alles. Die Mutter war wie ein professioneller Koch. Es gab immer große Portionen von der Mutter. Der Vater hat auf körperliches Aussehen geachtet, die Mutter nicht, habe sich auch nie geschminkt. Sport spielte zu Hause keine Rolle."

7. Sitzung: Habe eine Affäre mit Volodja gehabt. Sie würde ständig an ihn denken. „Ich fühle mich immer schuldig, wenn ich mit einem Mann zusammen bin. Ich bin zur Zeit in einer revolutionären Stimmung, ich bin gegen alles." Erstmals zwei Monate ohne festen Partner gelebt. Sei ungeduldig. Müsse immer etwas verrücktes, aus Protest den Eltern gegenüber tun: vor den Eltern rauchen, mit vielen Männern schlafen, nicht in die Kirche gehen, Arbeitsplätze wechseln. Ich protestiere gegen die Gesellschaft, ich habe eine „globale Protestmission".

In der Übertragung war die Patienten auch gegen den Therapeuten auf Protest eingestellt.

8. Sitzung: Die Patientin fühlt sich sehr gestresst und unter Druck. Ihr Bruder habe seinen Job verloren, so dass sie derzeit die gesamte Familie ernähren müsse. Habe Probleme mit Kevin: fühle sich von ihm betrogen, weil er ihr nicht mehr vertraue. Auch sei sie auf ihn wütend, dass sie beide Hunde versorgen müsse und er kein Geld für deren Futter zahlen würde.

In der Sitzung besprachen wir das Thema „Grenzziehung“

Transkultureller Kommentar des Therapeuten (H.P.):

Katja ist in vielerlei Hinsicht eine typische russische Patientin. Beziehungen, Beziehungsmuster, Rollenbilder und Grenzen sind ganz wichtige Themenbereiche. Bereits in der ersten Sitzung wurde – mit Hilfe des halb-strukturierten Erstinterviews der Positiven Psychotherapie – deutlich, dass ihr niedriges Selbstwertgefühl eine wesentliche Ursache ihrer Beziehungsprobleme zu Männern darstellt.

Die Eltern waren typischerweise sehr leistungsorientiert, was direkt aus dem sowjetischen Menschenbild resultiert. Die Mütter wurden nicht nur ermutigt und es war sozial erwünscht, sondern es war Teil der Kultur, dass die Frauen sofort nach der Geburt wieder arbeiten gingen. Der Staat, vertreten durch Säuglingstagestätten und Kindergärten, war (und ist) verantwortlich für die Erziehung; die Eltern für das Gebähren und Arbeiten. Die emotionalen Entbehrungen beginnen – im wahrsten Sinne des Wortes – bereits am ersten Lebenstag. Der Vater darf üblicherweise nicht bei der Geburt dabei sein; die meist sehr junge Mutter ist dem Pflegepersonal ausgeliefert. Erst eine Woche nach der Geburt dürfen Angehörige das Neugeborene und die Mutter besuchen. In vielen persönlichen Gesprächen während meiner Russland-Jahre teilten mir Frauen vertraulich ihre diesbezüglich leidvollen Erfahrungen mit. Die Säuglinge werden auch sofort von der Mutter getrennt und häufig werden die jungen Mütter vom Pflegepersonal ermutigt, das Kind nicht zu stillen – was eine Eingliederung ins Berufsleben deutlich beschleunigt und vereinfacht. Man muss dies auch aus der historischen Entwicklung verstehen. Es wird von Müttern berichtet, die während der Stalin-Zeit für Jahre in den Gulag geschickt wurden, weil sie sich 15 Minuten zur Arbeit verspätet hatten – weil sie ihr Kind gestillt hatten. Es war somit kein Platz und keine sichere Atmosphäre für die Entwicklung einer gesunden Emotionalität. Man könnte das System auch als extrem ergebnisorientiert bezeichnen. Prozesse und Beziehungen hatten kaum Platz. Besonders der intellektuelle Aspekt der Erziehung – die Bildung – wurde betont und gefördert, die emotionale Entwicklung vernachlässigt. Durch diesen emotionalen Hunger entsteht häufig eine große Sehnsucht nach Liebe und Geborgenheit. Die findet man zum Beispiel in (frühen) sexuellen Beziehungen oder auch in der Phantasiewelt von Romanen, in der Erwartung des Traumprinzen. Die Bedeutung der frühen Trennung von den Eltern und ihr Einfluss auf die Entwicklung eines gesunden Selbstwertgefühls muss wohl kaum erwähnt werden. Da (fast) alle Sowjetbürger von ihren Müttern früh getrennt wurden, wird der Psychotherapeut mit diesem gesellschaftlichen Phänomen in jeder Therapie konfrontiert.

Gleichzeitig wurde von Katja gefordert sich anzupassen, ihre Bedürfnisse zu unterdrücken. „Was sagen die Leute“ (Höflichkeit) spielte eine große Rolle. Dies ist ein typisches gesellschaftliches Phänomen in Russland. Es ist sehr wichtig, still und ruhig (russ. ticha) zu sein. Wenn Kinder von ihren Eltern gelobt werden, dann weil sie „ticha“ sind. Im geschichtlichen Kontext von Überwachungsstaat und gegenseitiger sozialer Kontrolle ist dieses Verhalten verständlich und macht Sinn. Verstärkt wird dies durch das „orientalische“ Verhalten der Russen, das eigene Bedürfnis nach Liebe zugunsten des Kollektivs hintanzustellen.

Die mangelnde väterliche Aufmerksamkeit und Anerkennung ist ein sehr weit verbreitetes Phänomen: die Rolle der Arbeit, der kriegsbedingte Männermangel und die Erfahrung, dass viele Frauen es auch ohne Männer geschafft haben, sind nur einige der Ursachen. Aufgrund dieser fehlenden männlichen Anerkennung, kommt es meist – wie bei Katja – sehr früh zu sexuellen Kontakten. Promiskuität und Partnerwechsel sind häufige Phänomene. Auch die große Diskrepanz zwischen dem körperlichen Auftreten junger Frauen (erotische Kleidung, provokatives Verhalten etc.) und ihren emotionalen Bedürfnissen und der Schwierigkeit sich einem Mann hinzugeben, sind ein häufig zu beobachtendes Phänomen, welches später zu vielen Problemen führt. Vor allem für westliche Männer (die beruflich bedingt in Russland arbeiten und leben) stellt die russische Frau eine große Prüfung dar. Körperlich betrachtet, ist sie der Durchschnittsfrau im Westen deutlich überlegen: sie sieht (meistens) sehr gut aus, achtet auf ihre Figur, liebt figurbetonte Kleider, schminkt sich sehr gerne, liebt Schmuck, ist (zunächst) sehr häuslich, widerspricht nicht, ist aber gleichzeitig gebildet (meist mit Universitätsabschluss), belesen, an Kunst und Musik interessiert, fleißig, strebsam und an Schwierigkeiten gewöhnt. So etwas hat der westliche Mann noch nie erlebt und fühlt sich wie im Paradies. Fast alle meine männlichen ausländischen Patienten waren mit diesem Phänomen konfrontiert. Typischerweise hat der westliche Geschäftsmann kaum Kenntnisse über Russland, von Sprachkenntnissen ganz zu schweigen. Bei seiner Ankunft wird ihm bereits am Flughafen eine charmante, gutaussehende Übersetzerin vorgestellt, die ihm – sozusagen – jeden Wunsch von den Augen abliest – rein beruflich natürlich. Im Büro angekommen, gibt es noch ca. 5-20 weitere solche Frauen (je nach Größe des Unternehmens!). Schnell sind die Belastungen des russischen Alltagslebens vergessen. Diese Phänomen lässt sich besonders gut in der Paartherapie betrachten. Der westliche Mann ist begeistert von Russland, verdient er doch weit mehr als im Westen und dann noch diese Frauen. Seine westliche Ehefrau hingegen klagt täglich und will dieses Land verlassen. Man erlaube mir die psychotherapeutische Anmerkung, dass die russischen Männer nicht eine solch große Prüfung für die westlichen Frauen darstellen, wie es bei den russischen Frauen und den westlichen Männern der Fall ist. Die Erlebnisse und Erfahrungen der ausländischen Familie werden immer verschiedener und bis zum Auseinanderleben ist es meist nur ein kleiner Schritt. Viele Trennungen und Scheidungen ausländischer Geschäftsleute während ihres Russlandaufenthaltes sind in diesem Lichte zu betrachten.

In dieser Kurzzeittherapie – 8 Sitzungen sind eine typische Stundenanzahl – wurde der Fokus auf die Bewusstmachung der Rolle elterlicher Konzepte und der übernommenen Geschlechtsbilder ausgerichtet. Für die Patientin war es sehr wichtig, erstmals im Leben über diese Geschlechtsrollen und -bilder zu reflektieren. Auch konnte der Zusammenhang zwischen ihrem häufigen Partnerwechsel und dem mangelnden Selbstwertgefühl angesprochen werden. Mit Hilfe praktischer Techniken wurde vor allem das Thema „Grenzen setzen“ angesprochen, welches neben den oben beschriebenen Phänomenen, ein Hauptkonflikt bei fast allen Patienten darstellt.

* * * *

Die folgenden *Charakteristika des „typisch“ russischen Patienten* im transkulturellen Vergleich zum „typisch“ westlichen Patienten stützen sich auf die Erfahrungen klinischer Arbeit im ambulanten und stationären Setting und auf die Ergebnisse einer statistischen Untersuchung (siehe Anhang).

1) Bei russischen Patienten lässt sich eine weitverbreitete Akzeptanz feststellen, dass das Leben schwierig ist und eine große, aus westlicher Sicht schier unendliche Geduld mit den zahlreich auftretenden Alltagsproblemen benötigt. Eine häufige Haltung besteht darin, sein Schicksal und Bestimmung – man spricht heute oft von Karma – anzunehmen und es nicht in Frage zu stellen oder mit ihm zu hadern. Das Schicksal kann sich ja auch wieder zu eigenen Gunsten ändern. „Alles wird gut werden" ist eine weit verbreitete Lebensauffassung, die Hoffnung gibt, dass man für bessere Lebensumstände nur lange genug ausharren muss. Besonders charakteristisch ist eine Unkompliziertheit des Einzelnen in allen Lebenssituationen.

Transkultureller Vergleich: Als der amerikanische Psychiater M. Scott Peck im Jahre 1978 sein Buch "The road less traveled" veröffentlichte, wurde das Buch in den folgenden 15 Jahren zum nationalen Bestseller. Der erste Satz des Buches mit der damit verbundenen These wurde wie eine neue Ideologie aufgenommen. Er lautete: "Life is difficult" [Das Leben ist schwer]. Und weiter heißt es: "Because once it is accepted, the fact that life is difficult no longer matters" [Denn wenn dies einmal akzeptiert ist, macht es nicht mehr viel aus, dass das Leben schwer ist]. Die im Westen weit verbreitete Lebenseinstellung, dass das Leben problemfrei sein muss, ist ein wichtiges Thema in der Arbeit mit „westlichen" Patienten, und es bedarf vieler Sitzungen, bis der Patient bereit ist, zumindest in Ansätzen, Probleme als Bestandteil des Lebens zu erkennen und zu akzeptieren. In diesem Zusammenhang spricht die Positive Psychotherapie davon, dass „nicht derjenige Mensch gesund ist, der keine Probleme hat, sondern der, der gelernt hat, mit den auftretenden Schwierigkeiten angemessen umzugehen." (N. Peseschkian, 1977).

2) Das vorhandene Wissen über das Wesen der Psychotherapie, ihrer Wirksamkeit und der ihr zugrundeliegenden Techniken ist begrenzt. Eine ‚psychotherapeutische Kultur' besteht noch nicht in Russland. Es gibt wenige Selbsthilfebücher oder anderes Informationsmaterial. Internationale Fachliteratur ist nur in geringem Umfang erhältlich (Anmerkung: Durch das Internet ergeben sich mittlerweile neue Möglichkeiten, auch sind in den letzten Jahren zunehmend Bücher veröffentlicht worden, die jedoch nicht über reguläre Buchhandlungen zu beziehen sind). Probleme werden mit Freundinnen, Freunden und Verwandten oder bei der Arbeit besprochen („Warum soll ich zu einem Fremden gehen, der mich gar nicht kennt, ihm meine Probleme erzählen und ihm womöglich noch Geld dafür zahlen?").

Transkultureller Vergleich: Viele Patienten im Westen sind recht belesen und kommen mit bestimmten Erwartungen zum Arzt. Zum Beispiel kommen amerikanische Patienten recht häufig mit der direkten Forderung nach der Verschreibung eines bestimmten Medikamentes in die Sprechstunde und haben sich vorher in diversen Büchern über dessen Wirksamkeit informiert und stellen den Therapeuten regelrecht unter Druck („Was, Sie kennen dieses Medikament nicht?"). In Westeuropa, besteht zwar weiterhin das soziale Stigma, einen Psychiater aufgesucht zu haben, aber die soziale Akzeptanz hat sich während der letzten Jahre deutlich verändert.

3) Der Patient nimmt rasch die ihm zugewiesene *passive Rolle* an und überträgt die Verantwortung für die Behandlung dem Arzt (und dieser nimmt dies dankend an). Eigeninitiative ist kaum vorhanden. Der Therapeut führt den Patienten. Sitzungsthemen müssen vom Therapeuten vorgegeben werden, und die Sitzungen verlaufen eher im direktiven Stil. Der Patient schreibt kaum Begebenheiten zu Hause auf und erledigt seine „Hausaufgaben" selten.

Transkultureller Vergleich: Besonders amerikanische Patienten sind häufig in psychologischen Themen recht belesen (oder halten sich zumindest für belesen) und nehmen häufig eine aktive

Klientenrolle ein. Der Therapeut muss dem Patienten häufig die Grenzen der therapeutischen Beziehung ganz klar aufzeigen, wenn der Patient sich nicht an diese hält. Der Patient bringt häufig Themen in die Sitzung mit, die er bearbeiten möchte. Der Therapeut ist mehr Begleiter und Partner des Patienten. Der Patient führt häufig ein Tagebuch, bittet um Aufgaben, die er zu Hause erledigen möchte, schreibt Begebenheiten auf und bringt dieses Material in die nächste Sitzung mit.

4) Die Auffassung von der Entstehung, Ursache und Behandlung psychischer Erkrankungen. In jeder Kultur gibt es sozial tolerierte beziehungsweise eher akzeptierte Erkrankungen. Depression ist in Russland eher ein Verstimmungszustand als eine Krankheit, und häufig wird einem Depressiven geraten, sich doch zusammenzureißen. Genetischen Ursachen wird eine große Bedeutung beigemessen. Weiterhin wird der Therapeut mit der Überzeugung vieler Patienten konfrontiert, dass Krankheiten und Störungen eine magische oder schicksalhafte Ursache haben können. Vorherrschend ist eine organisch-biologische Orientierung bezüglich der Entstehung von Störungen („Er hatte von Geburt an einen nicht einfachen Charakter", „Du warst eine schwierige Geburt").

Transkultureller Vergleich: In den USA ist es durchaus üblich, offen darüber zu sprechen, dass man einen Psychiater aufsucht und an seiner eigenen Entwicklung mit ihm arbeitet. Patienten werden ermutigt, einen Therapeuten aufzusuchen und, falls erforderlich, Medikamente einzunehmen. In meiner Praxis konnte ich beobachten, wie häufig Missverständnisse dadurch entstanden, dass z.B. ‚erhöhte Körpertemperatur' für russische Mitarbeiter ein Grund ist, nicht zur Arbeit zu gehen, was auf völliges Unverständnis der „Westler" führt, und andererseits ‚Depression' für Ausländer einen Grund darstellt, einen Arzt aufzusuchen, während russische Mitarbeiter der Auffassung waren, dass es ja allen schlecht ginge und eine depressive Verstimmung nichts Außergewöhnliches sei.

In diesem Zusammenhang sei eine bekannte, zeitgenössische russische Anekdote erzählt: In der Banja, dem russischen Dampfbad, stirbt ein Mann. Die Polizei befragt die Anwesenden, ob sie etwas gehört oder gesehen hätten. Alle verneinen. Nur ein Mann sagt: „Vorhin habe ich gehört, wie jemand sagte, mir ist so schlecht. Aber ich dachte mir: wem geht es heutzutage schon gut."

5) Eine *hohe Erwartungshaltung auf eine schnelle (Wunder-)Heilung*, am besten innerhalb der ersten Sitzung. Der Patient möchte sich nach jeder Sitzung besser oder erleichtert fühlen, und dies wird auch als ein wesentliches Kriterium für die Beurteilung der Kompetenz und Fähigkeit des Therapeuten benutzt. Der Therapeut muss hier mit Heilern und all denjenigen, die eine Wunderheilung versprechen, konkurrieren. Eine Behandlungsdauer von fünf Sitzungen erscheint schon als lang.

Transkultureller Vergleich: In Deutschland muss ein (Kassen-)Patient mehrere Monate, manchmal bis zu über einem Jahr, auf einen ambulanten Psychotherapieplatz warten (eine solche Warteliste wäre in vielen Kulturen undenkbar!). Häufig meinen Patienten von sich aus, dass bei ihnen eine mehrjährige Therapie notwendig sei und fühlen sich gekränkt und unverstanden, wenn der Therapeut ihnen eine Kurzzeittherapie vorschlägt („Halten Sie meine Probleme für so klein, dass sie so rasch gelöst werden können?").

6) Offenheit, Interesse und Bereitschaft für neue Ansätze. Es lässt sich fast immer eine Experimentierfreudigkeit beobachten, was neue Ansätze und Therapiemöglichkeiten angeht, auch wenn diese keiner direkten wissenschaftlichen Überprüfung standhalten. Wenn etwas verständlich erläutert wird, ist der Patient bereit, es anzunehmen („Wer heilt, hat recht").

Transkultureller Vergleich: Patienten wollen genauestens über die ‚Eingriffe' aufgeklärt werden; die Beipackzettel von verordneten Medikamenten werden eingehend studiert; die Frage der Effizienz und wissenschaftlichen Überprüfbarkeit der angewandten Methode werden hinterfragt; und der Arzt steht aufgrund drohender Gerichtsklagen bei beruflichen Fehlern (Kunstfehlerprozesse etc.) unter einem fast ständigen Druck.

7) Der Glaube an Übersinnliches, Vorherbestimmung und geistige Kräfte (magisch-mystisches Denken). Die Überzeugung, verflucht oder verwünscht werden zu können, ist weit verbreitet. Eigene Krankheiten werden mit diesen Kräften in direkte Verbindung gebracht. Die fachliche Kompetenz eines Psychotherapeuten, der nicht an Horoskope, den Einfluss des Geburtstraumas, elektromagnetische Strahlen, den Einfluss von Sternen und Gezeiten, Reinkarnation oder übersinnliche Kräfte glaubt, kann in Frage gestellt werden (eigene Erfahrung des Autors!). Parapsychologie wird als Wissenschaft angesehen und hat einen Platz in der Behandlung. Die Parapsychologie ist sozial akzeptiert, trotzdem bekennen sich offiziell wenige Therapeuten zu ihr und anderen übersinnlichen Kräften und Praktiken.

Transkultureller Vergleich: in westlichen Fachkreisen werden derartige Überlegungen völlig abgelehnt. Auch wenn man insgeheim magische Ursachen für wirksam hält, werden diese Gedanken in professionellen Kreisen nie geäußert. Nur empirisch belegte Erkenntnisse der Schulmedizin werden bei der Arbeit berücksichtigt und sind sozial akzeptiert. In den letzten Jahren bieten z.B. in Deutschland verschiedene psychologische Institute Ausbildungen in astrologischer Psychologie, Aromatherapie, Tarot, Schriftpsychologie, Bachblütentherapie, Tai Chi, Tantra, Zen, Graphologie, Derwischtanz, Yoga, Feldenkreis, Meditation, Namenspsychologie u.ä. für viel Geld an, was beweist, dass ein zunehmendes Interesse an diesen alternativen Richtungen existiert.

8) Die Rolle der Familie. Da fast jeder in einer Familie lebt oder ein Leben lang von ihr „begleitet" wird, sind die eigenen Probleme eng mit denen des Kollektivs (hier: der Familie) verbunden. Die Gründung einer Familie (Heirat, Kinder) wird von fast allen Jugendlichen angestrebt und wenig in Frage gestellt. Sie ist ein sozial erwarteter Schritt in der Lebensplanung, trotz der zunehmenden Probleme, wie Scheidungen, Gewalt und Unzufriedenheit.

Olga, eine 24-jährige Studentin, auf die Frage, warum sie denn unbedingt heiraten wolle: „Damit ich endlich die gleichen Probleme, wie meine Freundinnen habe und mich mit ihnen darüber unterhalten kann."

Transkultureller Vergleich: In westlichen Industriestaaten wird die Institution der Familie zunehmend in Frage gestellt und neue sogenannte alternative Lebensgemeinschaften geschaffen und propagiert (wie z.B. das Konzept des Lebensabschnittsgefährten (Lermer u. Meiser, 1991) und viele andere). In Deutschland bestehen 34% aller Haushalte aus einer Person, in Großstädten über die Hälfte. Während im Jahre 1900 in rund 44% aller deutschen Privathaushalte fünf oder mehr Personen lebten, waren es 1992 nur noch 5% (Statistisches Bundesamt, 1994).

9) Vorhandensein eines transkulturellen Verständnisses. In einem Vielvölkerstaat wie Russland hat jeder Patient Freunde, Bekannte, Kollegen oder Verwandte aus anderen Kulturen, mit denen er tagtäglich kommuniziert und sich auseinandersetzt. Dies führt zu einer relativen Offenheit anderen Konzepten gegenüber und relativiert die eigenen Lebenskonzepte.

Transkultureller Vergleich: Viele westeuropäische Patienten haben eine eher monokulturelle Sichtweise, wenig Kontakte zu Ausländern und kaum Möglichkeiten, ihre Vorurteile einer Realitätsprüfung zu unterziehen. Dies ändert sich langsam u.a. durch den Zuzug von Ausländern, was heute mit dem Begriff der multikulturellen Gesellschaft bezeichnet wird.

10) Realisierung und Akzeptanz geistig-spiritueller Bedürfnisse. Auch sogenannte Atheisten glauben häufig an die Existenz einer, wie auch immer gearteten, Seele, sprechen vom spirituellen Vakuum und geistigen Bedürfnissen. Spirituelle Elemente sind Bestandteil der Therapie.

Transkultureller Vergleich: Nach einer Untersuchung der American Psychiatric Association glauben Psychiater weitaus seltener an Gott als die Durchschnittsbevölkerung in den USA. Seit der Religionskritik Sigmund Freuds wurden Religion und Spiritualität von der Psychotherapie getrennt, und die Psychoanalyse wurde häufig zur sozial eher akzeptierten Ersatzreligion. In der psychotherapeutischen Ausbildung wird gelehrt, dass eigene religiöse Überzeugungen nicht auf den Patienten übertragen werden dürfen, und sie sind nicht Bestandteil der Ausbildung. In den letzten Jahren sind durch die New-Age-Bewegung und alternative Therapierichtungen geistig-spirituelle Elemente vermehrt Bestandteil der (westlichen) Therapie geworden.

11) Die Frage nach einer Erfolgsgarantie der Therapie bereits in der ersten Sitzung (häufig wird die Bezahlung daran gebunden). Für einen Misserfolg der Therapie wird vorwiegend der Therapeut verantwortlich gemacht.

Transkultureller Vergleich: N. Peseschkian (1991) weist darauf hin, „dass in vielen orientalischen Kulturen der Arzt so lange honoriert wurde, wie sein „Patient" gesund war". Jeder Therapeut würde sich hüten, eine Garantie zu versprechen, allein schon aus Angst vor etwaigen juristischen Schritten gegen ihn, und der Patient wird ermutigt, eine aktive Rolle im Behandlungsprozess einzunehmen. Im „Zweifelsfalle" ist der Patient am Scheitern der Therapie Schuld, da er zu viele Widerstände entgegenbrachte.

12) Vertrauen in den Arzt und seine Fähigkeiten („Sie sind der Arzt, sagen Sie mir was ich tun soll"). Aber dieses Vertrauen ist nur noch relativ vorhanden, da es durch viele negative Erfahrungen erschüttert worden ist. Einem Therapeuten, der eine Autorität darstellt – nicht unbedingt fachlich, aber der durch sein Charisma wirkt – wird häufig, zumindest anfänglich, bedingungslos geglaubt, wenn eine positive Beziehung entsteht und beide eine gleiche Auffassung von den Krankheitsursachen haben.

Transkultureller Vergleich: Durch den Einfluss der Massenmedien (so lautete eine Anzeige in einer deutschen Zeitschrift: „Wenn Sie mit Ihrem Arzt nicht zufrieden sind, dann suchen Sie sich doch einen anderen"), der Kostendiskussion („Ärzte verdienen viel Geld"), den zunehmenden Einfluss von Geld und Geschäft in der Medizin, der Zunahme von Gerichtsprozessen (Kunstfehler), des Einflusses der Krankenkassen und der Kassenärztlichen Vereinigungen, und der Kontrolle durch Standesorganisationen, ist die Arzt-Patient-Beziehung nicht mehr unbelastet und viel mehr als eine therapeutische Beziehung. Sie geht von gleichberechtigten Partnern aus, die einen gemeinsamen (Behandlungs-)Vertrag eingehen (und manchmal auch unterschreiben!) und jeweils Verantwortung übernehmen müssen.

13) Die sowjetische Erfahrung. Nach Laurinaitis (1994) können der typische post-sowjetische Patient und die therapeutische Beziehung mit den folgenden sieben Kriterien beschrieben werden:

a) Grundangst und Furcht, Verantwortung zu übernehmen und Entscheidungen zu treffen;

b) Abwesenheit von Interesse am endgültigen Resultat der eigenen Handlung bei gleichzeitiger Befürchtung, für einen unabhängigen Schritt verantwortlich gemacht zu werden;

c) Tiefe Spaltung zwischen offen verkündeten Werten der Gesellschaft und denen des Einzelnen („Auf eine Art sprechen, auf eine andere denken und sich auf eine dritte verhalten“);

d) Tiefes Misstrauen gegenüber den Massenmedien und einer möglichen Manipulation durch psychologische Mechanismen;

e) Gewöhnung an einen hohen Grad der Kontrolle in allen Lebensbereichen durch Staatsorgane und deren Handlanger, die auch Freunde und Verwandte umfassten;

f) Als ein Resultat dieses Systems haben die meisten Mitglieder der Gesellschaft unter einem enormen Druck einer vitalen Angst gestanden und der Alkoholkonsum war die verbreitete Art damit umzugehen;

g) Missbrauch der Psychiatrie durch den Staat und das daraus resultierende Misstrauen gegenüber jeglicher Psychiatrie.

Transkultureller Vergleich: Nach dem westlichen Psychotherapieverständnis sind folgende Grundfreiheiten Voraussetzung, um eine Veränderung der Persönlichkeit durch Psychotherapie bewirken zu können (Virgina Satir, zitiert nach Laurinaitis, 1994):

1. Zu sehen und zu hören, was hier ist, anstatt was sein sollte, war oder sein wird.
2. Zu sagen, was man fühlt und denkt, anstatt was man sollte.
3. Zu fühlen, was man fühlt, anstatt was man sollte.
4. Zu fragen und zu bitten, was man möchte, anstatt immer auf Erlaubnis zu warten.
5. Risiken mit möglichen persönlichen Konsequenzen zu übernehmen, anstatt den „sicheren“ Weg zu wählen und niemals anzuecken.

* * * *

Kasuistik 2: Ein weiteres Fallbeispiel soll eine „typische“ russische Patientin aufzeigen.

Natascha (28 Jahre): „Ich wähle mir immer ‚weglaufende Hirsche‘ als Partner aus.“
Natascha kam in die Therapie, um – zunächst – eine einzige Frage zu klären: „Ich brauche Ihren Rat, ob ich mich von diesem Mann (Paul) trennen sollte oder nicht. Ich leide im Moment sehr und weiß nicht mehr weiter. Paul ist 11 Jahre älter als ich, Ausländer, und wir kennen uns seit 3 Jahren. Dies ist meine erste ernsthafte Beziehung. Für 7-8 Monate haben wir zusammengelebt und seit einem Jahr ist er beruflich bedingt nach Kasachstan versetzt worden. Wir telefonieren nur noch und sehen uns sehr selten. Aber er wollte von mir weg und jetzt am Telefon teilt er mir immer mit, wie toll ich sei und dass er ohne mich nicht leben könne. Ich werde dann ganz weich, muss weinen und dauernd an ihn denken; von ihm höre ich dann aber nichts mehr bis zum nächsten Telefonat einige Wochen später. Was soll ich machen? Als guten Freund mag ich ihn sehr, aber nicht als Partner. Liegt es daran, dass ich nach einem vollkommenen Mann suche und deshalb seine Schwächen nicht annehmen kann? Was ist das wichtigste für mich: ein Mann, der mich emotional nicht unterdrückt, aber auf den ich mich nicht verlassen kann? Oder jemand der stark und verlässlich ist, aber mich eher unter Druck setzt? Warum ist es für mich so schwer mich zu verlieben? Warum suche

ich ständig nach „weglaufenden Hirschen“ – Männern, die keine Beziehung haben möchten? Ich möchte so gerne eine Familie und Kinder haben, aber warum um alles in der Welt bin ich dann die meiste Zeit meines Lebens allein – ohne Männer und ohne Familie? Auf der Uni waren 250 Personen und ich habe mir den einzigen ausgesucht, der keine Familie wollte.“

Sie hatte, was für russische Patienten unüblich ist (aber häufiger wird, wenn diese in westlichen Firmen arbeiten), diese Fragen auf einem Blatt aufgeschrieben und eine Tabelle angefertigt, was sie an Paul mag und was nicht. Weiterhin schilderte sie, dass er einen sehr rationalen Ansatz zum Leben habe. Er wolle keine Kinder und kein Familienleben, habe Schwierigkeiten sich Chefs unterzuordnen und keine Beziehung zu seiner Verwandtschaft. (Anmerkung: bereits in der ersten Sitzung wurde aus weiteren Hinweisen deutlich, dass der Freund starke emotionale Probleme hat, die in Richtung einer Borderline-Persönlichkeitsstörung hinweisen).

Zur *eigenen Biographie* schilderte Natascha, dass sie in Moskau geboren und bei den Eltern aufgewachsen sei. Sie habe eine jüngere Schwester (die einen 3-jährigen Sohn habe und geschieden sei). Vor 11 Jahren sei sie bereits von zu Hause ausgezogen (der Vater sei der Chef der Familie und die Mutter würde sich nur anpassen). Sie habe eine Ausbildung zur Journalistin abgeschlossen, würde jetzt aber als Projektmanagerin in einem ausländischen Unternehmen tätig sein.

Therapieverlauf:
Die Behandlung war zunächst auf 10 Sitzungen festgelegt worden, da die Krankenkasse der Patienten nicht mehr übernommen hatte. Nachfolgend eine zusammenfassende Darstellung der angesprochenen Themen und Einsichten der Patientin während der ersten 10 Sitzungen. Zunächst konnte die Patientin sich an keine Erlebnisse der Kindheit erinnern, was sich dann aber langsam veränderte. Auch wurden ihr Hausaufgaben mitgegeben, um besprochene Themen zu vertiefen. Sie wurde auch langsam in die Rolle versetzt, mit den Eltern bestimmte Themen zu klären und mehr über ihre eigene Kindheit zu erfahren.

„Mein Vater wollte immer einen Sohn haben und hat über mich während meiner ersten Lebensjahren nur mit „er“ gesprochen. Er erlebte es als Kränkung, dass er zwei Töchter hatte. Meine Schwester und ich mussten handwerkliche Fertigkeiten erlernen, wie Fernsehgeräte zu reparieren etc. Früher wollte ich immer ein Junge sein, jetzt bin ich endlich schwächer geworden. Meine Schwester und ich haben uns immer sehr gehasst. Ich denke, wir waren aggressiv, weil meine Eltern wenig Zeit für uns hatten. Ab dem 3. Lebensmonat hat meine Mutter mich nicht mehr gestillt und ist ganztags arbeiten gegangen. Kontakt gab es mit den Eltern dann überhaupt keinen mehr. Nur die Großmutter hat sich um uns gekümmert bzw. uns versorgt. Meine Mutter hatte mit der Großmutter (ihrer eigenen Mutter) viele Probleme. Vielleicht war dies der Grund, dass sie soviel Zeit auf der Arbeit verbrachte. Meine Eltern stammen beide aus emotionsarmen Familien und haben nicht gelernt, ihre Zuneigung zu zeigen. Vom 1.- 7. Lebensjahr hatte ich starke Allergien mit Luftnot. Die Allergien waren im Krankenhaus immer gut und verschlechterten sich zu Hause dramatisch. Meine Eltern waren beruflich sehr engagiert gewesen. Zu einem intellektuellen Austausch ist es nie gekommen, die Liebe lag mehr auf der Versorgungsebene (die Mutter war Köchin). Ich bin das erste Familienmitglied mit Universitätsabschluss und habe mir alles selbst beibringen müssen. Gefördert haben mich die Eltern nicht. Die Mutter hat immer gesagt, dass nur durch ihre Geduld der Ehemann nicht Alkoholiker geworden oder fremdgegangen sei. Meine Mutter ist eine Konfliktverneinerin, man kann nichts mit ihr besprechen. Sie bemuttert meinen Vater wie eine Krankenschwester. Ich bin meinem Vater ähnlicher, auch äußerlich. Mein Vater ist sehr ungeduldig und hat mich ständig unterdrückt und an mir herumkritisiert. Deshalb bin ich dann ausgezogen. Ich wollte, dass niemand sich in mein Leben einmischt. Jetzt möchte ich, dass Menschen sich in mein Leben einmischen.

Bis zum 10. Lebensjahr wurde ich von der Großmutter erzogen, da meine Eltern berufstätig waren. Die Großmutter hatte ihren Mann früh verloren und lebte bei uns. In ihrem Leben war kein Platz für einen Mann, denn keiner sei so gut, wie ihr verstorbener Mann. Sie war sehr streng und unterdrückte meine Schwester und mich wie ein Diktator. Wir hatten Angst vor ihr. Mal schlug sie uns, mal hatte sie uns gern. Die Großmutter sagte immer: „Wenn du einem Mann Sex gibst, dann wird er bleiben." Ich bin meiner Großmutter in vielem sehr ähnlich.

Irgendwie muss ich immer kämpfen und suche mir den harten Weg aus. Schwierige Sachen ziehen mich an. Ich kann mich nie entspannen, ich muss immer rennen. In der Schule haben die Jungen mich über Jahre ständig geärgert, deshalb mag ich heute keine Männer. Ich habe Angst vor Männern, sie könnten ja etwas von mir wollen. Es ist meine Schuld, dass ich Männern nicht das anbieten kann, was sie wollen – Weiblichkeit . Bei älteren Männern fühle ich mich aufgehoben und wohl. Ich bin hässlich und kann Männer nicht anziehen. Meine Freundin war sehr hübsch, ich nie. Trotzdem waren wir 15 Jahre lang zusammen. Meine Eltern haben mir immer gesagt, dass meine Schwester hübscher als ich sei. Für meine Mutter war ihr eigenes Aussehen nicht wichtig."

Bereits nach der *2. Sitzung* entschloss sich die Patientin ihrem Freund Paul klare Grenzen zu setzen und die Beziehung zunächst abzubrechen. In der *6. Sitzung* berichtete sie, dass sie im Elternhaus ihre alten Tagebücher vom 13. Lebensjahr gefunden habe. Von ihren Eltern würde sie im Tagebuch nichts erwähnen. Sie sei mit 19 und nicht mit 17 von zu Hause weggegangen. „Ich war von meinen Eltern nicht erwünscht. Ich will von Männern weglaufen. Ich verliebe mich in jemandem, wenn er mir Aufmerksamkeit zeigt, nicht weil er gut zu mir ist. Ich will keine Erwachsene, sondern ein Baby sein. Ich brauche 100%-ige Aufmerksamkeit, sage es aber nicht. Ich brauche männliche Aufmerksamkeit, möchte bemitleidet werden. Ich kann mit Aufmerksamkeit nicht umgehen. Ich möchte, dass andere mein Besitz werden. Ich fühle mich schnell von anderen verletzt und betrogen. Die ganze Familie ist sehr unemotional. Ich erinnere mich nicht an meine Kindheit, es ist alles grau."

Die Patientin wurde dann ermutigt, mit dem Vater ein klärendes Gespräch erstmals zu führen. Sie berichtete sehr positiv über diesen Versuch. Auch habe sie mit der Schwester einiges besprochen und auch diese habe die Eltern als emotionslos erlebt. In der *8. Sitzung* thematisierte die Patientin ihre emotionalen Bedürfnisse. „Wie kann ich meine emotionalen Bedürfnisse täglich befriedigen? Ich brauche ständig Anerkennung – aber es ist nie genug."

Inzwischen hatte sie mit ihren Eltern versucht über vergangene Erlebnisse zu sprechen. Die Mutter war nur bedingt bereit dazu, der Vater stand dem positiver gegenüber.

In der *10. und zunächst letzten Sitzung* fand eine Evaluation der Therapie statt. Die Patientin berichtete, dass sie sich viel leichter und besser fühle. Sie sei sehr zufrieden, dass sie gekommen sei. Sie würde sich seit zwei Monaten nicht mehr im Gesicht kratzen, was sie seit dem 14. Lebensjahr ständig getan hatte. „Ich stehe mehr zu meinen Gefühlen und unterdrücke sie weniger. Das Kratzen war wohl unterdrückte Aggression." Sie habe sich 45 Fragen aufgeschrieben und an Vater, Mutter, Schwester und Oma gestellt. Bei der Mutter sei es ein Desaster gewesen, mit den anderen jedoch sehr gut. Wir besprachen die Notwendigkeit, die Mutter „dort abzuholen, wo sie stehe".

Danach fanden noch 5 Sitzungen in jeweils 2-monatigem Abstand statt. Zunächst war die Patientin wieder in ihre alten Beziehungsmuster zurückgefallen, konnte dies jedoch für sich klären. Ab der *13. Sitzung* – ca. ein Jahr nach der ersten Sitzung – stabilisierte sich ihr Zustand deutlich. Sie fühlte sich sehr gut. Die Beziehung zum Vater bezeichnete sie als sehr gut und war hierfür sehr dankbar. Sie hatte auch einen neuen Mann kennen gelernt, der sie jedoch sehr stark in eine Beziehung drängte („du bist die ideale Frau, auf dich habe ich schon immer gewartet"). Gleichzeitig hatte er viele Prostituierte als Freundinnen und teilte Natascha mit, dass sein Beruf als Arzt Vorrang vor allem habe. Die Patientin berichtete stolz, wie sie trotz seines Anerkennungsangebots Grenzen gesetzt und die Beziehung abgebrochen habe und keine sexuelle Affaire mit ihm eingegangen sei. Paul würde sie noch einmal im Monat anrufen und wieder auf den emotionalen Knopf drücken; aber es würde sie nicht mehr so tief berühren.

In der *15. und letzten Sitzung* wurde ihr Kommunikationsverhalten besprochen und sie reflektierte über ihr eigenes Verhalten: „Ich respektiere keine Menschen, die all den Unsinn von mir akzeptieren. Sie sollten sich verteidigen. Mir hat keiner im Leben etwas gegeben, außer meiner Geburt. Ich musste alles erkämpfen. Dies ist wie ein Gesetz. Die einen sind in den Slums auf die Welt gekommen, die anderen in den Palästen."

Kommentar des Therapeuten (H.P.):

Die Konflikte von Natascha sind typisch für junge russische Frauen – es geht viel um das Thema Beziehungen, Selbstwertgefühl, Rollenbilder und Grenzen setzen. Recht untypisch ist ihre aktive Mitarbeit und die Bereitschaft an sich zu arbeiten. Aufgrund des großen Leidensdrucks, aber wohl auch durch die Bekanntschaft mit mehreren ausländischen Männern sowie infolge mehrerer Auslandsaufenthalte und einer Tätigkeit in einer westlichen Firma, bestand eine Bereitschaft an eigenen Anteilen zu arbeiten. Zunächst musste ihr geholfen werden, aus der ambivalenten Beziehung mit Paul herauszukommen, um sich stabilisieren zu können. Viele Russen empfinden das Setzen von Grenzen als sehr entlastend, da sie es bisher nicht gekannt haben und sich deshalb zunächst dagegen sträuben. Unterschwellig spielt auch das Nicht-Verletzenwollen eines Anderen eine große Rolle. Dies ist typisch für kollektivistische und orientalisch-südländische Gesellschaften. Weitere zentrale Themen für Natascha sind die fehlende Anerkennung der Eltern, vor allem des Vaters, die eine Abhängigkeit von liebespendenden Außenobjekten entstehen lässt. Da Männer häufig in Russland keine große Rolle als Vater spielen dürfen, suchen Frauen die männliche Aufmerksamkeit in frühen Beziehungen. Es gibt viele Haushalte, die seit mehreren Generationen (fast) nur aus Frauen bestehen. Sehr typisch ist die folgende Konstellation: Großmutter (deren Mann im 2. Weltkrieg gefallen ist), Mutter (alleinstehend nach Scheidung) und Tochter – und alle drei wohnen im gleichen Haushalt. Durch Repression während der Stalinzeit, Verluste während des 2. Weltkriegs, Hungersnöte, Internierungslager, Unfälle, niedriger Lebenserwartung und hohe Scheidungsquoten, ist die russische Gesellschaft nicht nur eine vaterlose Gesellschaft, sondern oft auch eine „männerlose" Gesellschaft. Frauen haben gelernt, auch ohne Männer zu leben, was bei jungen Frauen in der Therapie oft zu der Frage führt: „Was soll ich bloß mit einem Mann später machen?" Hinzu kommt die derzeitige wirtschaftlich-ökonomische Krise – ein gut ausgebildeter Mann ist oft nicht in der Lage seine Familie finanziell zu ernähren -, so dass die Frage nach dem „Sinn" eines Mannes erneut aktualisiert wird.

Auch die Rolle von Sex muss in diesem Lichte betrachtet werden. „In der Sowjetunion gibt es keinen Sex“ war die offizielle Losung bis Ende der 1980er Jahre. Männer gab es häufig auch nicht und wenn, dann war in den 1-2-Zimmerwohnungen mit Schwiegereltern und Kindern sicherlich nicht die richtige Atmosphäre, um ein ausgefülltes Sexualleben zu führen. Wieder mussten Gefühle zurückgehalten werden und man musste leise funktionieren – im wahrsten Sinne des Wortes. Es wird zwar viel über Sex geredet, aber häufig steckt die Sehnsucht nach männlicher Anerkennung und Aufmerksamkeit dahinter.

Erlauben Sie mir die Beschreibung einer persönlichen Erfahrung: Anfang der 1990er Jahre – ich war erst seit einigen Monaten in Russland – saß ich mit einigen Personen in einem Zugabteil auf der Fahrt zu einem Seminar an einer Universität. Eine junge Mutter hatte ihre kleine ca. 3-jährige Tochter auf dem Schoß sitzen und sagte ihr laut vor: „Papa ni nada, Papa ni nada (auf deutsch: Der Papa ist nicht notwendig, wir brauchen keinen Papa). Das ganze Abteil sprach begeistert und lachend mit. Wie ein im Westen geschulter Psychotherapeut dies erlebt, brauche ich hier wohl kaum zu erwähnen. Später sollte ich erfahren, dass dies im Grunde eine ganz typische Situation war, die die russische Gesellschaft gut charakterisiert.

Zu Natascha zurückkehrend: da Eltern ihre Kinder meistens Anfang 20 bekommen, beide berufstätig sind und in der gleichen 2-Zimmer-Wohnung mit der Großmutter leben, übernimmt die Großmutter, die selbst oft erst Mitte 40 ist, die Erziehung. Da ihr das gleiche Schicksal mit ihren Kindern widerfahren ist, kann sie nun erstmals ein Kind selbst erziehen, nämlich das Enkelkind. Die Eltern haben nicht viel zu melden, vor allem nicht der Vater. Falls man dann noch bei den Eltern des Ehemannes wohnt, dann hat die junge Schwiegermutter so gut wie keinen Einfluss auf die Erziehung ihres eigenen Kindes. Es gibt durchaus viele Väter, die eine aktivere Rolle spielen möchten, aber von Frauen (Müttern, Schwiegermüttern, Ehefrauen) davon abgehalten werden. So bleibt in vielen russischen Frauen lebenslang eine tiefe Sehnsucht nach der väterlichen Nähe und Anerkennung unerfüllt bestehen. Natascha konnte mit ihrem Vater einige dieser Fragen klären und erkannte, dass er sie durchaus liebte , aber nie eine Möglichkeit bekommen hatte, dies zu zeigen. So konnte sie Frieden mit ihm schließen.

Das Phänomen, dass die Eltern sich ein Kind mit einem bestimmten Geschlecht wünschen, ist extrem weit verbreitet. Die russische Gesellschaft ist in dieser Hinsicht noch stark von orientalisch-patriarchalischen Bildern geprägt und die Geburt eines Sohnes hat oft eine ganz besondere Bedeutung. Häufig findet man jedoch die Konstellation, dass Mütter sich eine Tochter und Väter einen Sohn wünschen. Wie soll der Säugling diese unterschiedlichen Erwartungen befriedigen? Ein Bekannter, der uns oft mit seinem Taxi beförderte, sagte zu mir, als seine Frau hochschwanger war: „Ich habe ihr gesagt, dass sie einen Jungen gebären soll. Wenn sie ein Mädchen bekommt, dann hole ich sie nicht aus der Entbindungsklinik ab.“ Was die jungen Mütter, selbst oft noch Kinder, eine Woche alleine in einer Entbindungsklinik, ohne Besuch, den strengen Krankenschwestern (den zu Hause wartenden Müttern und Schwiegermüttern nicht unähnlich!) ausgeliefert emotional durchmachen, kann man sich kaum ausdenken. Ich persönlich halte diese frühen Verletzungen (der Eltern und der Kinder) für eine der Hauptursachen der späteren emotionalen Probleme. Auch das hohe Aggressionspotential der russischen Gesellschaft ist sicherlich zum wesentlichen hierauf zurückzuführen. Wen wundert es dann, dass kaum jemand Zugang zu seinen (unbewussten) emotionalen Bedürfnissen hat. Gleichzeitig hat sich eine gesunde Emotionalität kaum entwickeln können, weil das Funktionieren und schulische Leistungen im Vordergrund der Erziehung standen. Die Klärung der Beziehung zu den Eltern ist ebenso ein zentrales Thema, wie das Thema Selbstbild und Selbstwert.

Diese Kasuistik zeigt, wie man in einer Kurzzeittherapie – mit Hilfe eines klaren Konzepts – auch nachhaltige Erfolge erreichen kann. Vor kurzem – über zwei Jahre nach Therapieabschluss – berichtete die Patientin in einer eMail-Nachricht, dass es ihr gut gehen würde. Sie habe inzwischen ein Aufbaustudium Psychologie absolviert und sei glücklich. Einen festen Partner habe sie noch nicht, aber es ginge ihr gut. Sie schreibt: „Wie recht Sie (!!!) hatten als Sie sagten, dass wenn ich meine Probleme mit meiner Familie, vor allem mit meinem Vater, kläre, wird es für mich leichter sein persönliche Beziehungen zu Männern einzugehen. Es hat drei Jahre gebraucht, aber es zeigt sich jetzt, wie wahr dies ist. Vielen, herzlichen Dank hierfür."

* * * *

Der Psychotherapeut in Russland

„Der Psychiater muss ein Mitreisender mit seinem Patienten werden"
(R.D. Laing)

„Ich erkläre meinen Patienten nicht so viel.
Vergessen Sie nicht, dass ich eine sowjetische Ärztin bin."
(Neurologin in Moskau, 1999)

„Trinken Sie doch eine Flasche Wodka
und falls Sie dann noch immer nicht leben wollen,
dann kaufen Sie sich halt einen Strick. Aber stören Sie mich nicht mehr."
(Diensthabender Arzt zu einer suizidalen Patientin, die es „gewagt" hatte,
nachts die Notfallzentrale anzurufen. Moskau, 1999)

Für den „typisch" russischen Psychotherapeuten lassen sich im transkulturellen Vergleich zum „typisch" westlichen Therapeuten folgende Merkmale festhalten.

1) Persönlichkeit und Verhalten
Bezeichnend ist die altruistische Grundhaltung vieler russischer Therapeuten. Diese zeigt sich in einem echten Interesse, dem leidenden Patienten zu helfen („Man leidet selbst ja auch und bräuchte irgendwann einmal auch die Hilfe eines anderen"); in der Ausübung des Berufes ohne jegliche materielle Anreize (geringes Gehalt, welches bis zu sechs Monate später ausgezahlt wird und als Haupteinnahmequelle oft nicht ausreicht); und in der kostenlosen Behandlung bedürftiger oder sich in schwieriger materieller Situation befindender Patienten. Dies basiert u.a. auf der sowohl unter Patienten als auch unter Ärzten weit verbreiteten Auffassung, dass es unethisch und unmoralisch sei, Geld von jemanden zu nehmen, der in Not ist, da Hilfeleistung zur moralisch-sozialen Verantwortung gehöre. Weiterhin sind die Unkompliziertheit und das Verständnis für menschliche Probleme hervorzuheben, ebenso die humane Grundhaltung gegenüber psychisch Abnormen, die geschichtlich belegt werden kann (Karkos, 1994).

Transkultureller Vergleich: Während man früher noch häufig von Berufung sprach, wird Psychotherapie immer mehr als ein ‚normaler' Beruf angesehen, daher hat ein besonderer Altruismus hier keinen Platz. Im Gegenteil, man spricht vom „Helfersyndrom", dass „Helfen müde macht"

(Fengler, 1994) und vom „Burnout-Syndrom“ (Burisch, 1994) und betont in Weiter- und [illegible] dung die Notwendigkeit des Erkennens der eigenen Grenzen. Ein Aspekt der Grenzziehun[illegible] des Geldes. Finanzielle Probleme des Patienten werden, neben anderen, als limitierender Faktor angesehen, und sofern der Patient nicht in der Lage ist, die Therapie selbst zu finanzieren, wenn keine Krankenkasse für ihn aufkommt, „gibt es keine Möglichkeit einer adäquaten Behandlung“ (Reimer, 1996a). Weiterhin wird gefordert, dass verantwortliche Psychotherapeuten in der Lage sein sollten die eigenen Grenzen zu erkennen, die limitierenden Bedingungen seitens der Patienten wahrzunehmen und die Einschränkungen, die sich aus der ganz spezifischen Interaktion beziehungsweise Konstellation zwischen den beteiligten Personen ergeben, zu erkennen. Als Schlüssel wird eine kontinuierliche Supervision empfohlen.

2) Angewandte Methoden und Techniken

Es gibt kaum Therapeuten, die nach *einer* reinen Schule (nach westlichem Muster) arbeiten; meist werden Elemente verschiedener Methoden miteinander kombiniert. In den meisten Behandlungseinrichtungen arbeiten Therapeuten verschiedenster Richtungen gemeinsam, und die Behandlung besteht aus einem schulenübergreifenden, interdisziplinären Ansatz. Es besteht ein großes Interesse (und eine Notwendigkeit) für Kurzzeittherapien, so dass psychologische Techniken sehr gesucht sind. Vorwiegend werden direktive und suggestive Verfahren verwendet, rein analytische so gut wie gar nicht. Holistische und familienzentrierte Verfahren werden bevorzugt. Der Psychotherapie-Begriff wird weit gefasst und umfasst neben ‚rein‘ therapeutischen Elementen auch physikalische Anwendungen (wie Massage, Bäder, Sport), Akupunktur, Bewegungstherapie, Entspannung, Kunst und Lesen. Die Behandlung ist vielseitig und ganzheitlich im Sinne einer ‚komplexen Therapie‘. Nach Barash (1993a) hat die vergangene Erfahrung in Russland insofern positive Aspekte, dass russische Fachleute sich freier fühlen verschiedene Methoden zu benutzen und ohne Gewissenskonflikte unterschiedliche Ansätze anwenden können.

Transkultureller Vergleich: Kliniken und Institute sind durch die Methode, die sie vertreten, bekannt, und der Behandlungsplan basiert auf einer einzigen Grundmethode (z.B. analytisch oder verhaltenstherapeutisch orientierte Klinik). In Deutschland kann die psychotherapeutische Weiterbildung für Ärzte nur an einem Institut absolviert werden, anderswo erworbene Zertifikate (sogenanntes Bausteinsystem) werden nicht (mehr) anerkannt. Der Therapeut identifiziert sich entweder mit seiner Methode und/oder mit dem Ausbildungsinstitut. Der Schwerpunkt liegt auf der Einzelbehandlung. Verschiedene Techniken stellen eigene Richtungen dar und werden von anderen Therapeuten in den Behandlungsplan integriert. In den letzten Jahren gibt es jedoch auch zunehmend Ansätze im Hinblick auf eine eklektische oder integrative Psychotherapie.

3) Therapieform

Psychotherapie ist vorwiegend supportiver Art. Tiefenpsychologisches (psychodynamisches) Vorgehen im westlichen Sinne ist selten. Der Therapeut arbeitet vorwiegend mit einem direktiv-suggestiven Ansatz und führt den Patienten. Techniken und Methoden werden nicht immer unterschieden und häufig gleichzeitig angewandt. Das therapeutische Setting ist häufig Einzel-, aber auch Familien- oder Gruppenbehandlung. Der Therapeut ist bemüht, recht rasch eine Linderung und subjektive Entlastung des Patienten herbeizuführen und muss in einem Zeitrahmen von maximal 5-10 Sitzungen arbeiten. Soziale Probleme (Arbeit, Wohnung, Familie, Gesetz, Geld) beeinflussen die Therapie, und der Therapeut muss sich häufig dieser Probleme annehmen.

Transkultureller Vergleich: Psychotherapeuten arbeiten vorwiegend tiefenpsychologisch, meist im Einzelsetting. In Deutschland ist die Behandlung auf 50 Sitzungen ausgerichtet, da diese von den Krankenkassen übernommen wird. Soziale Probleme werden von Sozialarbeitern und zuständigen Behörden bearbeitet, so dass der praktizierende Therapeut sich mit diesen Faktoren nur selten beschäftigen muss.

4) Aus- und Weiterbildung

Psychotherapeutische Ausbildung und insbesondere Erfahrung muss der angehende Therapeut sich selbst aneignen (zum Teil vergleichbar mit dem deutschen „Bausteinsystem"), da es derzeit kaum ein Institut gibt, welches eine vollständige mehrjährige Ausbildung anbietet. Die Ausbildung besteht aus wenigen Monaten, der Schwerpunkt liegt auf der Vermittlung von Theorie. Selbsterfahrung wird kaum angeboten und wenig verlangt; für die Supervision gibt es kaum erfahrene praktizierende Therapeuten. Der Psychotherapeut ist eine Art Einzelkämpfer, er ist häufig sehr kreativ, flexibel und traut sich relativ viel zu.

Transkultureller Vergleich: In Deutschland ist die psychotherapeutische Aus- und Weiterbildung berufsbegleitend, meist über 4 Jahre an einem anerkannten Weiterbildungsinstitut. Die Ausbildung muss vom Kandidaten selbst finanziert werden und stellt häufig eine größere finanzielle Belastung dar. Der Schwerpunkt der Ausbildung liegt in der Selbsterfahrung (Selbstanalyse) des Auszubildenden; weitere Schwerpunkte sind Theorie, Praxis, Supervision, und patienten-zentrierte Gruppen (Balint-Gruppen). Es muss jedoch angemerkt werden, dass häufig nach Beendigung der Ausbildung wenig praktische Kenntnisse vorhanden sind, die sich der Therapeut dann meist in seiner eigenen Praxis oder weiteren Kursen aneignen muss. Seit der Einführung des Facharztes für Psychiatrie und Psychotherapie wird eine entsprechende Weiterbildung oft in großen Teilen von der jeweiligen Arbeitsstätte organisiert und angeboten.

5) Stellung in der Gesellschaft

Der Psychotherapeut wird ständig von Wunderheilern und Scharlatanen herausgefordert, die ihre Wunderheilung anpreisen („Ich heile alle Krankheiten", „Ich heile Alkoholismus in einer Sitzung") und unter der Bevölkerung viele ahnungslose und naive Patienten finden. Somit muss auch der seriöseste Therapeut einige magische Elemente und „Express-Techniken" in seinem Repertoire haben. Gleichzeitig sind viele Therapeuten am Arbeitsplatz einem erheblichen Erfolgszwang ausgesetzt. Vorgesetzte sind kaum mit der Wirkungsweise von Psychologie und Psychotherapie vertraut, so dass der Psychotherapeut immer wieder seine Fähigkeiten und seine Daseinsberechtigung beweisen muss („Sie sind der Therapeut, lösen Sie die Probleme dieses Mitarbeiters", „Tun Sie etwas mit meinem Kind, damit es besser lernt"). Sein Gehalt wird manchmal auch von seinem Erfolg abhängig gemacht. Von Mitmenschen wird der Psychotherapeut manchmal als Magier und Wundermann angesehen, häufig misst man ihm übersinnliche Fähigkeiten zu („Sie sind doch Psychotherapeut – was können Sie mir über meine Persönlichkeit sagen?"). Hier – in der Gesellschaft – findet er endlich Ansehen, Akzeptanz und Bewunderung für seine Tätigkeit.

Transkultureller Vergleich: Psychotherapie wird als seriöser Beruf angesehen und aus der Berufsbezeichnung geht häufig hervor, welche Ausbildung man hinter sich hat. Es ist allgemein anerkannt, dass Psychotherapie einen langsamen, häufig mehrjährigen Prozess darstellt, der nicht immer erfolgreich sein kann. Die gesellschaftliche Stellung unterscheidet sich nicht wesentlich von anderen akademischen Berufen und wird am ehesten mit der Grundausbildung, z.B. als Arzt, Psychologe oder Pädagoge, verbunden.

6) Zu behandelnde Störungen
Patienten kommen mit verschiedensten Störungen zum Psychotherapeuten und erwarten eine Besserung, wenn nicht gar Heilung. Ein niedriges Selbstwertgefühl ist bei fast allen Patienten vorhanden; viele sind sich dessen bewusst und wollen daran arbeiten. Weiterhin fühlen sich (fast) alle Patienten unter einer erheblichen Problemlast und erhoffen sich Erleichterung durch den therapeutischen Prozess. Das Thema Tod ist, wie auch im Westen, ein völlig verdrängtes Phänomen. Viele Patienten sind jedoch erleichtert, wenn ihnen dieses Thema angeboten wird (was leider Therapeuten sehr selten tun, da sie ihre eigene Beziehung zum Tod und Sterben nicht geklärt beziehungsweise bearbeitet haben!). Es gibt kaum geeignete stationäre psychotherapeutische Einrichtungen.

Transkultureller Vergleich: Die Indikation für Psychotherapie ist recht eng. Patienten werden zuvor von einem Arzt auf organische Krankheiten hin untersucht und oft erst nach Ausschluss organischer Befunde zum Psychotherapeuten überwiesen. Im Durchschnitt dauert es mehrere Jahre, bis ein Patient, der an organischen Beschwerden leidet, schließlich zum Psychotherapeuten überwiesen wird. Die behandelten Patienten leiden häufig unter Depressionen, Angststörungen, psychosomatischen Beschwerden und neurotischen Störungen. Schwierige Patienten können in stationäre psychotherapeutisch-psychosomatische Einrichtungen aufgenommen werden.

* * * *

Kasuistik 3:

Natalia (26 Jahre): „Ich fühle mich, wie eine 60-jährige Frau."
Die Patientin suchte die Ambulanz wegen Schlafstörungen und Depressionen auf, die vor einem Jahr nach einer Fehlgeburt aufgetreten seien. „Jedes Ereignis hat großen Einfluss auf mich und ich reagiere körperlich – mit Unruhe, Angst, Sorgen und Kältegefühl. Ich bin zunehmend aggressiv, unhöflich, ungeduldig und habe eine niedrige Toleranzschwäche. Auch ist mir schwindelig und manchmal übel. Ich weine oft in letzter Zeit, habe kein Lust und kein Interesse mehr. Auch habe ich ein Druckgefühl über dem Herzen und leichte Kopfschmerzen. Ich habe abends immer Angst, wenn mein Mann zu spät nach Hause kommt und wir streiten uns in letzter Zeit sehr oft. Zur Zeit denke ich viel an meine Eltern. Mir tun irgendwie alle leid und ich mache mir viele Gedanken um das Thema Tod. Seit über einem Jahr will ich keine Gäste mehr haben und habe mich zurückgezogen. Früher bin ich sehr kontaktfreudig gewesen. Jetzt denke ich oft, was andere wohl über mich denken würden."

Natalia stammt aus der Ukraine und ist seit drei Jahren verheiratet. Seitdem lebt sie in Moskau, wo sie als Übersetzerin an einer Botschaft tätig ist. Ihr Mann ist Russe und als Manager bei einer Moskauer Firma tätig.

Nach *belastenden Ereignissen* der letzten Jahre befragt, gibt sie folgende an: Vor drei Jahren Heirat und Umzug von der Ukraine nach Moskau, was auch Auszug aus dem Elternhaus bedeutete. Dann musste sie ein Jahr lang alleine in Moskau leben, da ihr Mann kurzfristig in einer anderen Stadt eine Stelle bekommen hatte. Vor einem Jahr Fehlgeburt und drei Monate später begann die Schlafstörung und etwas später die Depression mit Selbstmordgedanken. Sie wurde dann medikamentös behandelt, was zunächst zu einer Besserung führte. Nach erneuter Dekompensation wurde sie drei Monate in einer psychotherapeutischen Klinik behandelt und ging daraufhin wieder zu den Eltern in die Ukraine. Es ging ihr besser, aber nach der Rückkehr nach Moskau begannen Unruhe und Schlafstörungen wieder.

Therapieverlauf:
Die Patientin kam zu 9 wöchentlichen Einzelsitzungen und beendete dann die Therapie für sich. Aufgrund der vorliegenden depressiven Störung wurde sie – parallel zur Therapie – medikamentös mit Amitryptilin (125 mg täglich) und Temazepam (10 mg zur Nacht) behandelt.

Auf das Balance-Modell der Positiven Psychotherapie angesprochen, meinte sie, dass sie früher fast nur leistungsorientiert gewesen sei. Im Moment würde sie ihre Energie kaum sinnvoll einsetzen und eher in die Phantasie flüchten. Der Bereich „Körper/Gesundheit" habe für sie nie eine Rolle gespielt, die ganze Familie würde diesen Bereich ignorieren. „Ich fühle mich sehr alt und führe das Leben einer 60-jährigen Frau. Ich gehe nur zur Arbeit und ansonsten bin ich zu Hause zurückgezogen. In der Ukraine hatte ich täglich Gäste, hier überhaupt keine mehr. Ich hatte früher auch mal zwei Partner gleichzeitig, soviel Energie hatte ich. Immer wenn ich nach Moskau fahre, habe ich unterwegs nur geweint. Aber ich habe alles heruntergeschluckt und ertragen. Meine Bandscheibenbeschwerden fingen erst in Moskau an."

„Für meine Eltern war Leistung immer sehr wichtig, ich hatte nie eine schlechtere Note als eine 2 in der Schule. Ich fühlte mich schuldig, wenn ich schlechte Noten hatte. Es war irgendwie undankbar von mir schlechte Noten zu haben. Ich hatte meinem Vater versprochen nur Einser in der Schule zu bekommen. Meine Mutter hat sich immer sehr um mich gekümmert. Sie würde auch um 3 Uhr früh aufstehen, um mir etwas zum Essen zu kochen. Heute gehe ich jeden Abend nach der Arbeit sofort nach Hause, um meinem Mann etwas zum Essen zu kochen. Mit Freundinnen unternehme ich nichts mehr." Auf ihre Beziehung zur Leistung angesprochen, sagte Natalia: „Bei meiner Arbeit will ich alles perfekt machen. Ich habe Angst Fehler zu machen. Ich bin sehr ungeduldig, ich kann nicht mal fünf Minuten warten. Für meinen Vater war Pünktlichkeit immer sehr wichtig. Ich habe heute Angst, dass etwas passiert sein könnte, wenn jemand zu spät kommt. Mein Vater war auch immer sehr angespannt. Er war auch ein Perfektionist und sagte immer, dass ich in meinem Beruf perfekt sein sollte. Ich versuche alle Menschen zufrieden zu stellen und kann besonders bei der Arbeit nicht nein sagen."

In der *3. Sitzung* wurden einige Konfliktinhalte mit der Patientin bearbeitet. Inhaltlich handelte es sich um die Sozialisationsnormen „Pünktlichkeit" und „Höflichkeit" („was sagen die Leute?!"). Die Geschichte vom Vater und Sohn (siehe N. Peseschkian, 2000) über die Schwierigkeit es allen recht zu machen, half der Patientin ihre eigene Position zu überdenken. Sie erkannte, dass Perfektionismus in Unentschlossenheit mündet. Der Vater hatte immer gesagt: „Vertraue nur auf dich selbst und werde nie zur Bürde für andere." Sie habe Probleme Geschenke anzunehmen, wollen andere nicht stören, niemandem auf den Geist gehen.

Die Beziehung zum Ehemann war Thema einiger Sitzungen. Die Patientin erlebt ihren Mann als sehr schwach. „Ich bin der Chef der Familie, aber er sollte es eigentlich sein. Ich bin wie mein Vater, der auch der Chef zu Hause war und mein Bruder ist wie meine Mutter unentschlossen." Insgesamt seien ihr Sauberkeit, Ordnung und Sparsamkeit sehr wichtig, bei ihrem Mann sei dies aber ganz anders.

Ab der *6. Sitzung* deutliche Besserung der Stimmungslage. Auch hatte sie ihren Ehemann ein ganzes Wochenende nicht mehr angeschrien. Zuvor war mit ihr das Balance-Modell der Positiven Psychotherapie besprochen worden und die Wichtigkeit den Bereich „soziale Kontakte“ zu entwickeln. Nun berichtete sie, dass sie mehr Leute angerufen und mehr Gäste eingeladen habe. Zuvor habe sie auf der Arbeit ein ganzes Jahr keinen Kontakt gesucht.

In der *8. Sitzung* sprach sie über ihr „Geheimnis“. Ein Vorgesetzter würde sich seit letztem Jahr sehr um sie bemühen und wolle etwas von ihr. Als sie im Krankenhaus lag, habe er sie einen Monat lang täglich besucht. Dann habe er sie für drei Monate zu ihren Eltern in die Ukraine gelassen und sie während dieser Zeit täglich angerufen. Sie fühle sich ihm nun verpflichtet. In der Sitzung thematisierte sie ihre Aggression ihm gegenüber und berichtete, dass sie ihrem Mann gestern diese Beziehung zum ersten Mal mitgeteilt habe. Sie fühlte sich deutlich entlastet, hatte jedoch noch Schuldgefühle.

In der *9. und letzten Sitzung* thematisierte sie das Problem, ob sie mit ihrem Mann ins Ausland emigrieren sollte, obwohl ihre Eltern dann ganz alleine seien.

Kommentar aus der Sicht des Therapeuten (H.P.):

Der Fall von Natalia gibt einen Eindruck in typische Probleme von in Russland lebenden Menschen. Sie war mit ihren Eltern sehr eng verbunden, die einerseits sehr leistungsorientiert waren, und gleichzeitig versuchten ihr sämtliche Belastungen fern zu halten. Durch die Heirat musste sie die Eltern verlassen und in ein anderes Land ziehen. Dieser Verlust war für sie schwer zu verarbeiten, was durch ihre Konfliktverarbeitung des Ertragens, Herunterschluckens und Andere-nicht-belasten-Wollens erschwert wurde. Es kam zur somatischen Reaktion mit Bandscheibenbeschwerden und Depression. Durch die enge (räumliche) Nähe zu den Eltern und der bis vor einigen Jahren kaum existieren Perspektive des Auszugs, entstehen ganz enge Bande, obwohl diese selten als emotional gesund bezeichnet werden können. Die Trennung von den Eltern stellt für viele noch eine völlig neue Situation dar; man fühlt sich hilflos und der „bösen, weiten Welt“ ausgeliefert. Die meist dominierenden Mütter haben vorher alles in die Hand genommen, zumindest was das alltägliche Leben und die Versorgung angeht. Ohne diesen Schutz fühlt man sich hilflos. Die psychosomatischen Reaktionen von Natalia sind typisch. Dadurch dass die meisten Russen zur Konfliktverneinung neigen, reagieren viele mit Luftnot und/oder Bandscheibenbeschwerden. Man muss halt sehr viel ertragen. Sehr typisch ist auch das Dilemma junger Frauen: einerseits wünschen sie sich einen starken Mann, im körperlichen, finanziellen, sozialen und emotionalen Sinne; andererseits lassen sie ihn nicht hochkommen und übernehmen unbewusst die Rollenbilder ihrer eigenen Eltern. Auch Natalia dominierte ihren Mann und gab ihm kaum eine Chance Familienoberhaupt zu werden. Dies führt innerlich zu einer Abwertung des Mannes, was wiederum dazu führt, dass die Frau alles in die eigene Hand nimmt („du kannst es ja eh nicht.“). Aus diesem Teufelskreis gibt es kaum reale Ausbruchsmöglichkeiten; einzig die Flucht in die Phantasiewelt (Traumprinz!) bleibt offen. Interessant, dass Schauspieler wie Arnold Schwarzenegger und Claude Van Damme in Russland auf ganz großes Interesse stoßen. Kaum eine Wohnung, wo sie nicht das Bild einer nackten Frau und eines Muskelmanns an der Wand hängen sehen (so haben wohl beide Geschlechter ihre Sehnsüchte!).

Die Patientin wurde zunächst ermutigt, ihren Mann nicht mehr ständig zu kritisieren, worauf sich die Beziehung sehr rasch verbesserte. Auch wurde ihr nahegelegt, mindestens einen Abend pro Woche etwas alleine zu unternehmen, um sowohl den Mann, aber auch sich selbst zu entlasten. Wichtige Themen waren Grenzen setzen und die Fähigkeit zu erlernen, auch mal etwas liegen zu lassen und nicht alles beenden zu müssen. Ein weiteres zentrales Thema bei Natalia war, wie so oft in Russland, der Umgang mit Schuldgefühlen. Hinzu kommt noch die „orientalisch-südländische" Höflichkeit, gepaart mit der Unterdrückung der eigenen Bedürfnisse, so dass der Patient sich in einem Teufelskreis wiederfindet. Die einzige erlaubte Lösung ist meist die Krankheit. Die Fehlgeburt hatte sie auch kaum thematisiert und nur versucht zu ertragen und weiter zu funktionieren. Da ihr Mann eher zurückhaltend und still war (sie hätte ihm eine andere Rolle auch nicht zukommen lassen), blieb sie mit ihren Problemen alleine. Nur die Besuche bei den Eltern, wo zwar die Probleme nicht besprochen, sie aber sich als Kind fühlen und versorgen lassen konnte, halfen ihr immer wieder auf.

* * * *

Das psychotherapeutische Arbeitsbündnis in Russland

Die Kunst des therapeutischen Handelns, des Umgangs, der Form,
der Gebärde und der Haltung ist nicht auf Regeln zu bringen.
Karl Jaspers (1955)

Auch die verschiedenen Elemente des psychotherapeutischen Arbeitsbündnisses bringen interessante Ergebnisse im transkulturellen Vergleich.

- Russische Psychotherapeuten sind in verschiedensten Institutionen und Organisationen tätig; der Therapeut unterliegt bestimmten Zwängen, so dass sich das Setting diesen Umständen anpassen muss. Die Mehrzahl ist entweder in Krankenhäusern, Polikliniken oder privaten Zentren tätig. Psychotherapeuten kann man auch in Schulen, pädagogischen Einrichtungen, im arbeitsmedizinischen Dienst größerer Firmen und Unternehmen, in militärischen und staatlichen Einrichtungen antreffen.
- Die meisten Therapeuten können sich ihre Patienten nicht aussuchen, da diese ihnen entweder zugewiesen werden, oder der Therapeut es sich aus verschiedenen Gründen nicht leisten kann, den Patienten abzulehnen. Zugewiesen heißt in diesem Zusammenhang, dass andere Kollegen einen Patienten, der anscheinend Psychotherapie benötigt, ohne jegliche vorherige Klärung von Motivation und Therapiefähigkeit des Patienten weiterleiten. Wenn sich die Störung des Patienten, z.B. eines auffälligen Schulkindes, nicht bessert, ist ausschließlich der Therapeut Schuld. Der Rolle, Aufgabe und Verantwortung des Patienten im therapeutischen Prozess wird kaum Bedeutung beigemessen. Auch der familiär-soziale Druck, Verwandte oder Freunde zu behandeln, ist sehr stark, und eine Absage würde als Beleidigung, als Parameter für die Unwichtigkeit der Freundschaft u.ä. angesehen werden.
- Der Therapeut muss zunächst davon ausgehen, dass der Patient nur zu einer einzigen Sitzung kommt. Ob er sich bereit erklärt, nach dem Erstgespräch noch einige Male zu kommen, hängt von vielen Faktoren ab; im wesentlichen davon, wie „erfolgreich" und überzeugend der Therapeut ist. Parameter für einen guten Therapeuten sind eine Besserung des Wohlbefindens

nach der Sitzung („Sich-leichter-fühlen"), die Einnahme einer subjektiven Position zugunsten des Patienten und die Vermittlung einiger praktischer Techniken und Ratschläge, die sofort umgesetzt werden können. Der Therapeut steht ständig unter Erfolgszwang und Zeitnot, denn bei einem ‚schlechten Auftreten' kommt der Patient einfach nicht mehr.

- Die Vereinbarung formaler Rahmenbedingungen ist sehr schwierig – für beide Seiten. Falls ein Patient endlich Vertrauen gefasst hat und sich dem Therapeuten ausführlich mitteilt, kann dieser nicht einfach die Dauer einer Sitzung begrenzen oder diese für beendet erklären, nur weil die Zeit abgelaufen ist. Vertrauen, Gefühle und Empathie wollen sich keiner Reglementierung unterwerfen. So dauert eine Therapiestunde häufig 90 Minuten, manchmal auch 2-3 Stunden. Hier wird der transkulturelle Aspekt der therapeutischen Beziehung ganz deutlich: Während im Westen das therapeutische Bündnis eher eine „geschäftliche Vereinbarung" ist, steht in Russland die rein menschliche Beziehung im Vordergrund. Würde der Therapeut sich nun über den Erwartungszwang erheben, würde er mit seinem eigenen Gewissen in Konflikt kommen, ob er wirklich richtig gehandelt hat, den leidenden Patienten zu unterbrechen, nur weil die geplante Zeit abgelaufen war.
- Die Frage der Bezahlung ist eine weitere schwierige Angelegenheit. In staatlichen Einrichtungen wie Krankenhäusern und Polikliniken wird sie insoweit gelöst, als die psychotherapeutischen Dienste dem Patienten unentgeltlich zur Verfügung stehen und der Therapeut verpflichtet ist, jeden Patienten aufzunehmen. Zahlreiche Therapeuten führen neben ihrer offiziellen Tätigkeit eine kleine Privatpraxis, um etwas zusätzlich zu verdienen, aber auch um ‚reine' Psychotherapie zu praktizieren. Der typische Patient hat kaum finanzielle Möglichkeiten, so dass in der letzten Zeit die sogenannten ‚neuen Russen' (Neureiche) und insbesondere ihre Ehefrauen eine sehr willkommene Klientel darstellen. Geld für Dienste anzunehmen, besonders von einem Hilfsbedürftigen, wird als unethisch angesehen (‚neue Russen' ausgenommen). Fast alle heute tätigen Therapeuten haben die Sowjetzeit miterlebt und erinnern sich an die gesellschaftlich-ideologische Einstellung zum Geld. Ein weiteres Problem stellt die Unzuverlässigkeit von Patienten dar und ihre häufigen finanziellen Probleme. Besonders schwierig wird es, wenn ein Patient therapie-motiviert ist, aber kein Geld hat. Einen solchen Patienten abzuweisen ist sowohl gesellschaftlich als auch emotional kaum möglich und kann mit dem eigenen Gewissen nur schwer vereinbart werden. Im Alltag sieht es somit so aus, dass man einige wenige zahlungskräftige Patienten hat, die es einem ermöglichen, nebenbei mehrere finanzschwache Patienten zu behandeln. Häufig wird die Bezahlung an den Therapieerfolg geknüpft („Zahlen Sie soviel, wie Ihnen meine Arbeit und Ihre Genesung wert sind"), vom Einkommen des Patienten abhängig gemacht oder ihm selbst überlassen („Zahlen Sie soviel, wie Sie für richtig halten" oder „Soviel Ihnen nicht schadet").
- Das Setting besteht vorwiegend aus Einzeltherapie. Meistens bringen Verwandte (recht häufig die Mutter) den Patienten zur ersten Sitzung (sie haben ihn angemeldet, da er Therapie benötigt), aber sie kommen sehr selten zu weiteren Sitzungen, insbesondere wenn der Therapeut (direkt oder indirekt) andeutet, dass sie – die Verwandten – eine „Mitschuld" an der Erkrankung haben.
- Ein häufiges Phänomen ist die Frage der Schuld. Häufig heißt es bereits im Erstinterview mit einem Paar: „Wir erzählen Ihnen die Situation, und Sie sagen dann, wer von uns Recht hat". Die Schuldfrage hat sicherlich ihre historischen Wurzeln in der jüngsten Vergangenheit („auf der Suche nach dem Volksfeind und dem Schuldigen"). Der Therapeut wird in die Rolle des

Richters gedrängt und muss genug Erfahrung besitzen, um diese Rolle nicht anzunehmen, sondern sich auf die inhaltlichen Aspekte der Beziehung zu konzentrieren.

- Die Beziehung zwischen Patient und Therapeut wird auch außerhalb der Sprechstunde und nach Abschluss der Behandlung fortgesetzt, wie in kollektivistischen Gesellschaften üblich und nötig. Ein Abbruch der Beziehungen, im Sinne der ‚therapeutischen Abstinenz' der Psychoanalyse, würde vom Patienten als Abwertung gedeutet und nicht verstanden werden. Patienten werden später häufig gute Freunde des Therapeuten und sind immer gerne bereit, einen Hilfsdienst zu leisten, der meist mit ihrem Beruf verbunden ist (Autoreparatur, Verkauf von Fahrscheinen etc.). Karvasarsky (1985) weist darauf hin, dass in keinem anderen Gebiet der Medizin ethische Aspekte eine derartig wichtige Bedeutung haben wie in der Psychotherapie.

Transkultureller Vergleich: Es wird nicht nur auf die therapeutische Beziehung während der Behandlung geschaut, sondern schon auf den Beginn des Therapeut-Patient-Kontakts, der mit der Kontaktaufnahme beginnt. Bereits die Art und Weise der Kontaktaufnahme des Patienten sollen dem Therapeuten erste Hinweise über die Art der Störung, über Besonderheiten künftig zu erwartender Interaktionen und über die Prognose einer möglichen Behandlung geben. Es ist festgestellt worden, dass die Qualität der therapeutischen Allianz am Beginn der Therapie in enger Korrelation zum Resultat der Behandlung steht (Beauford et al., 1997). Beim Erstgespräch, der psychotherapeutischen Anamneseerhebung, geht es neben der Diagnosestellung vor allem um die Beurteilung der Indikation beziehungsweise Kontraindikation einer möglichen Therapie. Für den ‚Prozess der Indikationsstellung' sind vier unterschiedliche Aspekte bedeutsam (Schneider, 1990): der Patient, die Störung, die Therapieform und der Therapeut. Der Therapeut wird ermutigt, die Motivation des Patienten sehr eingehend zu prüfen und zwar nicht nur auf einen genügenden Leidensdruck hin, sondern dahingehend, ob sich der Patient eine Psychotherapie beim Interviewer als erstrebenswert und hilfreich vorstellen kann.

Aus transkultureller Sicht ist hier insbesondere die Frage der sogenannten Passung interessant. Nicht nur der Patient, sondern auch der Therapeut soll motiviert sein, die Behandlung zu beginnen. Er soll auf seine Gefühle dem Patienten gegenüber (Empathie, Antipathie) achten, und ihm wird das Recht eingeräumt, einen Patienten abzulehnen. „Nur Masochisten behandeln alle Patienten gleich gern" heißt es in westlichen Fachkreisen (Reimer, 1996b).

Es gibt Listen von Indikationskriterien für eine tiefenpsychologisch orientierte Psychotherapie – Reimer (1996b) führt acht wesentliche Punkte auf – und nur, wenn diese Kriterien erfüllt sind, sollte die eigentliche Therapie begonnen werden. Analog gibt es Überlegungen zu Kontraindikationen. Große Bedeutung wird dem Prozess der Beendigung der Therapie beigemessen und die in diesem Zusammenhang aktualisierten früheren Trennungs- und Verlusterfahrungen. Auch hier gibt es einige Techniken wie z.B. Probetrennungen und Nachgespräche, die dem Patienten (und dem Therapeuten) helfen sollen, sich auf den Abschied und die Zeit nach der Therapie vorzubereiten.

Ein wichtiges Ziel des Erstinterviews ist neben der diagnostischen und therapeutischen Funktion die Vereinbarung von formalen und inhaltlichen Rahmenbedingungen des therapeutischen Prozesses, denen eine wesentliche Bedeutung für eine erfolgreiche Behandlung beigemessen wird. Im wesentlichen geht es hier um die Wahl des Therapeuten und der Therapieform, Frequenz und Dauer der Sitzungen, Schätzung der Therapiedauer, und die Vereinbarung über das Honorar.

Bei den *formalen* Rahmenbedingungen unterscheidet man räumliche von zeitlichen. Unter räumlichen Rahmenbedingungen werden u.a. die Sitzposition von Patient und Therapeut (Setting) diskutiert, bis hin zu dem sinnvollsten Winkelabstand zwischen beiden.[14] Bei den zeitlichen Rahmenbedingungen geht es um die Sitzungsfrequenz und -dauer. In der Regel geht man bei einer tiefenpsychologisch orientierten Behandlung von einer Sitzung pro Woche (jeweils 50 Minuten) und einer Gesamtbehandlungsdauer von etwa zwei bis fünf Jahren aus (Reimer, 1996b). Patienten müssen in Deutschland bis zu einem Jahr auf einen Therapieplatz warten und stehen auf einer Warteliste des Psychotherapeuten. Dies soll unter anderem den Leidensdruck des Patienten verstärken und seine Motivation überprüfen – beides als günstige Voraussetzungen für eine erfolgreiche Therapie angesehen.

Bei der Formulierung der *inhaltlichen* Rahmenbedingungen wird der Patient als (hilfsbedürftiger) Partner angesehen, der an den Planungsaspekten der Therapie beteiligt werden muss. Man spricht von ‚größtmöglicher Offenheit' dem Patienten gegenüber, von ‚gemeinsam geplanter Arbeit und Kooperation'. Hierbei geht es um die Klärung des Arbeitsbündnisses, die Formulierung gemeinsamer (!) Zielvorstellungen, die Konzentrierung auf den ‚aktuell wirksamen neurotischen Konflikt' und um die Erläuterung von Abwehrmechanismen wie Regression, Übertragung und Gegenübertragung.

Aus transkultureller Sicht ist die Frage der *Bezahlung* von besonderem Interesse. In den USA ist es nicht nur üblich, sondern Therapeuten werden ermutigt, am Ende der ersten Sitzung auch diese Frage anzuschneiden. Im wesentlichen muss der Patient sich den finanziellen Forderungen des Therapeuten anpassen oder sich einen anderen (kostengünstigeren) Therapeuten suchen. Es wird kategorisch davon abgeraten, Patienten unentgeltlich zu behandeln oder unter der vom Therapeuten festgesetzten Grenze. Letzteres soll zu Gegenübertragungen wie Desinteresse oder Langeweile (beim Therapeuten) führen (Wolberg, 1977). Es gibt Therapeuten, die für jede versäumte Sitzung (einschließlich Krankheit oder Urlaub) das vereinbarte Honorar in jedem Fall fordern oder nur eine 24-stündige Absagefrist gelten lassen.

Eine Beziehung zum Patienten außerhalb der Therapie wird als unethisches Verhalten und als Verletzung des Abstinenzgebots angesehen. Freud formulierte die psychoanalytische Abstinenzregel, deren Kernsatz lautet: „Die Kur muss in der Abstinenz durchgeführt werden" (Freud, 1915). In den letzten Jahren wird in diesem Zusammenhang zunehmend die Frage des sexuellen Missbrauchs von Patienten durch (männliche) Therapeuten diskutiert (Anmerkung: Jeder sexuelle Kontakt zwischen Therapeut und Patient, auch außerhalb der Sprechstunde, wird als Missbrauch angesehen), und zahlreiche Publikationen von Fachleuten und Betroffenen haben sich hiermit intensiv auseinandergesetzt (Anonyma, 1988; Augerolles, 1991; Heyne, 1991; Löwer-Hirsch, 1998). Die therapeutische Abstinenz beschränkt sich durchaus nicht nur auf die sexuelle Beziehung, sondern bezieht auch auf andere ethische Aspekte wie z.B. restriktive finanzielle Regelungen, Übertragung der eigenen Wertvorstellungen und Ideologie auf den Patienten, Aufklärungspflicht des Therapeuten seinem Patienten gegenüber, narzisstische, emotionale Bedürfnisse des Therapeuten (narzisstischer Missbrauch) und die Wahrung der Intimität und Anonymität des Patienten. Es ist gefordert worden, dass das Fach Ethik im Rahmen der psychotherapeutischen Aus- und Weiterbildung gelehrt und spezielle Ethikseminare angeboten werden sollten (Reimer, 1996a).

14. Beide sollen in einem Winkel von 90 Grad zueinander sitzen (Hoffmann, 1986).

Kasuistik Nr. 4:

Jenny (22 Jahre): „Ich kann ihm nicht vergeben."
John (30 Jahre): „Ich glaube nicht, dass sie mich jemals geliebt hat."

Das Ehepaar kam gemeinsam in die Ambulanz.
Im *Erstinterview* berichtete *Jenny:* „Wir haben seit über einem Jahr massive Eheprobleme. Wir sind vor kurzem aus den USA nach Moskau zurückgekehrt. Dort hat mein Mann sehr viel gearbeitet und mich alleine gelassen. Nach 6 Monaten habe ich dann 1998 einen anderen Mann kennen gelernt, der mir viel mehr Aufmerksamkeit gab. Mein Mann fand dies heraus, es gab viel Streit und ich habe mich in einen anderen Mann verliebt und dann die Scheidung beantragt. Aber seit 2 Monaten sind mein Mann und ich wieder zusammen und leben mit meinen Eltern hier in Moskau in einer Wohnung. Mein Mann kann dies alles nicht vergessen, obwohl wir vereinbart haben, darüber nicht mehr zu sprechen. Vor einigen Tagen hat er mich in einem Streit geschlagen. Ich will mich nun von ihm endgültig trennen und kann ihm nicht vergeben."

Jenny ist eine 22-jährige Russin, Einzelkind und lebt bei ihren Eltern. Sie hat nach dem Abitur einen Managementausbildung absolviert und heiratete vor zwei Jahren John, einen US-Amerikaner.

Auf weitere *belastende Lebensereignisse* angesprochen, berichtet Jenny in der 2. Sitzung: „Vom 6. – 18. Lebensjahr bin ich von meinem Vater sexuell missbraucht worden. John weiß das. Vor drei Jahren fasste ich den Mut meinem Vater zu sagen, dass ich nicht mehr mit ihm schlafen möchte. Ich fühlte mich danach sehr frei. Ich wollte nie heiraten, es ist völlig unerwartet passiert. Ich habe John 1,5 Jahre vor unserer Hochzeit in Moskau kennen gelernt; es war die große Liebe. Wir haben nur noch Zeit gemeinsam verbracht; mit ihm habe ich erstmals Reisen ins Ausland unternommen. Ein Jahr später bin ich mit ihm in die USA gegangen. Er hatte dort viele finanzielle Probleme, so dass wir mehrmals umziehen und er sehr viel arbeiten musste. Ende 1996 haben wir geheiratet. Ich wurde gleich schwanger und musste abtreiben, vorwiegend aus finanziellen Gründen. Es war körperlich und moralisch sehr schwer für mich. Meine Eltern wussten von unserer Heirat nicht. Mein Mann arbeitete immer mehr, kam abends oft erst gegen 22 Uhr nach Hause. Er brachte seine Arbeitsprobleme immer mit und sprach nur darüber. Ich arbeitete als Mannequin und in Restaurants, aber dies befriedigte mich nicht. 1997 war ich sehr einsam und konnte mit John kaum darüber reden. Er war sehr gestresst und schrie mich nur an. Mir wurde klar, dass ich so nicht mehr weiterleben kann. Zwei Monate später verliebte ich mich in einen anderen Mann. Er war so aufmerksam und lieb zu mir, dass ich beschloss, die Scheidung einzureichen. Wir hatten mehrere Monate eine Beziehung, bis John dies erfuhr. Er wurde jähzornig und warf mich zu Hause raus. Ich bin später aber wieder zurückgegangen. Wir fuhren wieder für einige Wochen nach Moskau zu meiner Familie und John war so lieb, wie vor drei Jahren als wir uns kennen gelernt hatten. Dies brachte viele alte Erinnerungen wieder hoch.

Vor zwei Monaten wurde ich erneut schwanger und habe wieder abgetrieben. John kann schlecht mit den Fehlern anderer umgehen. Er versucht immer alles mit mir zu besprechen, lässt nicht los und bohrt nach, manchmal bis 5 Uhr früh. Ich will Dinge erst am nächsten Tag besprechen. Er erlaubt mir nicht, dass ich mich so fühle, wie ich will. Immer wieder will er bis heute von mir wissen, wer im Bett der Beste gewesen ist. John ist adoptiert worden und hatte immer eine schlechte Beziehung zu seiner Mutter."

John berichtete in den ersten zwei Sitzungen: „Vor zwei Tagen haben wir uns getrennt. Als wir in die USA gingen, kamen unerwartete Probleme auf uns zu, vor allem finanzieller Art. Ich musste sehr viel arbeiten, hatte sehr viel Stress und keine Zeit mehr für Jenny. Ich fühlte mich sehr einsam und mit meinen Problem alleine gelassen. Ich vermisste ein wahres Zuhause und fühlte mich eher wie in einem Hotel. Täglich hatte ich über 6 Monate Angst die Arbeit zu verlieren, denn wir brauchten doch das Geld so dringend. Irgendwie habe ich nicht mitbekommen, was sie mir sagen wollte.“

Auf *belastende Lebensereignisse* angesprochen, berichtete John: „1992 beendete ich meinen vierjährigen Militärdienst und eine neue Zeit brach für mich an. Ich fing an zu studieren und fuhr im Sommer 1993 während der Semesterferien nach Europa. Im Zug nach Moskau lernte ich Olga und ihre kleine Tochter kennen. Als wir in Moskau ankamen, lud mich ihr Mann zu ihnen ein, um ihm zu helfen eine Sauna für die Familie zu bauen. Ich blieb sechs Wochen bei der Familie wohnen und hatte während dieser Zeit eine Liebesbeziehung zu Olga. Ich kehrte in die USA zurück, und Olga und ich schrieben uns während des gesamten Jahres. Im Sommer des darauffolgenden Jahres beantragte ich ein Stipendium für Moskau und am Tage meiner Ankunft, begann die Beziehung zu Olga – ihr Mann wusste von nichts. Unsere Beziehung dauerte während meines gesamten Studienaufenthaltes, obwohl ich im Studentenwohnheim auch Beziehungen zu anderen Frauen hatte, von denen Olga nichts wusste. Nach einem weiteren Semester in den USA kehrte ich dann nach Studienabschluss wieder nach Moskau zurück und fuhr mit Olga auf die Krim in den Urlaub. Ich fand auch eine Arbeitsstelle bei einer ausländischen Firma in Moskau und am ersten Arbeitstag begegnete ich Jenny. Sie war die schönste Frau, die ich jemals gesehen hatte (Anmerkung des Therapeuten: da hat er nicht unrecht!). Wir begannen eine Beziehung und sind seit dem immer zusammengewesen, außer den drei Monaten, als sie bei dem anderen Mann gelebt hat. Im Moment ist es nicht klar, wo wir leben. Manchmal in unserer eigenen Wohnung, manchmal bei ihren Eltern. Seitdem sie wieder da ist, haben wir viele Streitereien. Aber ich versuche langsam zu lernen, das Vergangene zu akzeptieren, obwohl es sehr schwer ist. Ich bin sehr enttäuscht, dass sie mich belogen hat. Ich glaube, sie liebt den anderen Mann noch immer.“

Therapieverlauf:
Die Behandlung stellte sich als schwierig heraus und muss am ehesten als Krisenintervention verstanden werden. Im Erstinterview waren beide sehr angespannt – er war sehr aggressiv, sie eher ängstlich. Sie verarbeitete alles auf der emotionalen Ebene, während er eher ergebnisorientiert und rational an die Beziehung heranging. Beide wollten im Grunde keine Psychotherapie, sondern eine rasche Lösung, ohne eigentlich ihr bisheriges Verhalten aufgeben zu wollen. Zur akuten Entlastung wurde beiden Lorazepam (1 mg) bei Bedarf verschrieben. Insgesamt fanden 5 Sitzungen mit Jenny statt, davon zwei Paarsitzungen. Beide schrieben nach dem Erstinterview mehrere Seiten über die belastenden Lebensereignisse der letzten Jahre auf, was ihnen half zu erkennen, dass viele Probleme, von außen an sie herangetragen worden waren. Die Beziehungsproblematik hatte jedoch bereits ihre eigene Dynamik angenommen, als beide in die Ambulanz kamen. Es kam dann auch zu einem erneuten Streit zwischen den beiden, in dem er sie tätlich angriff. Er war „unangemeldet“ zu ihr und den Eltern in die Wohnung gekommen und die Situation eskalierte rasch, so dass schließlich die Polizei gerufen werden musste. Die Patientin hatte multiple Hämatome an beiden Armen, im Gesicht, am Rücken und den Beinen.

Jenny sprach viel in den Sitzungen und es tat ihr spürbar gut. Auch war sie (meistens) recht dankbar für besprochene Strategien und Interventionsmöglichkeiten. Sie vermittelte jedoch das Gefühl, als ob sie nicht die Erlaubnis habe, in einer Therapie offen über ihre Probleme zu sprechen. Oft sagte sie: „Das muss ich alleine klären. Dies sind meine Probleme. Was können Sie schon tun; ich habe ihn ja geheiratet." Auch durften ihre Eltern nichts von der Therapie wissen. Wenn Grenzen mit ihr besprochen worden waren, dann hatte sie Schwierigkeiten diese zu Hause umzusetzen. „Aber er (John) hat mir Blumen gebracht und gesagt, dass er mich liebt."

John war in den Sitzungen immer sehr angespannt und agitiert, wollte eine sofortige Lösung der Situation. „Sprechen Sie doch mit meiner Frau, dass sie wieder zurückkommen soll." Er war nicht bereit über sein bisheriges Verhalten tiefer zu reflektieren.

Nach der erneuten Auseinandersetzung zu Hause kam sie noch einmal in die Therapie, brach dann jedoch die Behandlung ab. Beide sah ich jedoch einige Monate später gemeinsam in der Ambulanz, als sie wegen eines anderen medizinischen Problems einen Internisten aufsuchten.

Kommentar aus der Sicht des Therapeuten (H.P.):

Obwohl dieser Fall keine eigentliche Psychotherapie darstellt, sondern eine (eher vergebliche) Krisenintervention, ist er hier aufgeführt, weil er sehr eindrucksvoll die Beziehungsmuster und das -geflecht in Russland aufzeigt. Mit der Zunahme interkultureller Beziehungen (meistens einer russischen Frau mit einem westlichen Mann), gewinnen diese Probleme an Bedeutung.

Die Einstellung von Jenny zur Psychotherapie ist recht typisch. Man sucht zwar Hilfe, aber eher im Sinne einer emotionalen Entlastung. Mit seinen Problemen muss man alleine fertig werden, es ist halt das eigene (sozusagen selbst eingebrockte) Schicksal. Trotz (oder gerade wegen) räumlicher Enge zu den Eltern, kommt häufig eine enge emotionale Beziehung nicht zustande.

Über sexuellen Missbrauch in Russland ist bisher wenig gesprochen und gearbeitet worden, so dass die Häufigkeit völlig unbekannt ist. Ich persönlich würde die Zahl nicht unter der im Westen einstufen wollen. Dass Jenny trotz der Schläge ihres Mannes wiederholt zu ihm zurückgekehrt ist, hat in diesem Fall sicherlich mit der Missbrauchserfahrung zu tun. Es ist jedoch ein sehr häufig anzutreffendes Verhalten bei russischen Frauen. Ganz typisch ist der alkoholisierte, randalierende Ehemann, der spät nachts zurückkommt und die Tür verschlossen vorfindet. Die Ehefrau weist ihn zunächst mehrmals ab, bis er auf der emotionalen Ebene „zuschlägt". Er appelliert an ihr Gewissen, an die gemeinsame Liebe und bittet um Vergebung. Ich behaupte, dass kaum eine russische Frau dieser Intervention widerstehen kann. Auf vielen Seminaren habe ich diese Situationen psychodramatisch – zu großer Belustigung der Teilnehmer – dargestellt, um die Bedeutung von Grenzziehungen zu verdeutlichen. Die entscheidende Frage ist, ob er um Vergebung bittet. Falls ja, dann muss man dies akzeptieren. Es ist in der typischen russischen Gesellschaft nicht möglich, jemanden abzuweisen, der um Vergebung gebeten hat (was sicherlich auch viele positive Aspekte hat).

Aufgrund des bestehenden Männerbildes in der Gesellschaft („bei uns gibt es keine richtigen Männer", „in Russland herrscht Männermangel und Frauenüberschuss") sind westliche Männer häufig sehr attraktiv. Zum Verständnis mögen Texte typischer Partnerschaftsanzeigen von Frauen beitragen: „Suche Mann zwischen ... und ... Jahre, ohne finanzielle Schwierigkeiten und ohne

Wohnungsprobleme. Er sollte auch eine Aufenthalts- und Arbeitserlaubnis für Moskau (Propiska) haben." Fast jeder westliche Mann erfüllt zunächst diese Voraussetzungen. Leider sind jedoch auch viele Ausländer (expatriats) nicht ohne Probleme, und oft gerade deshalb nach Russland gegangen. John ist ein gutes Beispiel hierfür.

Johns Verhalten ist insoweit typisch für einen in Russland lebenden „Westler", dass er kaum Grenzen kennt. Er verdient viel Geld, hat eine gute Position, ist von vielen russischen Mitarbeiterinnen umgeben – was will er mehr. Moral spielt in einer scheinbar „grenzfreien" (die Russen würden sagen anarchischen) Gesellschaft kaum eine Rolle. Die verbreitete Promiskuität der Sowjetgesellschaft kommt noch hinzu. So entsteht eine Atmosphäre des „jede Frau ist zu haben." Auch eine westliche Überheblichkeit („ich habe dich vom armen Russland in den Westen gebracht") ist häufig verbreitet und führt bei transkulturellen Eheschließungen später zu Problemen. Die „Lösung" liegt meistens nur in der Akzeptanz eines Partners der anderen Kultur.

* * *

Die psychotherapeutische Aus- und Weiterbildung in Russland

Aber ich lege den Akzent auf die Forderung,
dass niemand die Analyse ausüben soll,
der nicht die Berechtigung dazu durch eine bestimmte Ausbildung
erworben hat. Ob diese Person nun Arzt ist oder nicht,
erscheint mir als nebensächlich.
Sigmund Freud (1927)

Seit Ende der 1980er Jahre ist das Interesse an Psychotherapie in Russland sprunghaft angewachsen, sowohl in der Bevölkerung als auch unter Fachleuten, so dass heute eine große Zahl von ‚Psychotherapeuten' tätig ist. Da die Bezeichnungen ‚Psychotherapie' und ‚Psychotherapeut' gesetzlich nicht geschützt sind, haben Therapeuten völlig unterschiedliche Ausbildungen absolviert. Im wesentlichen kann man zwei Gruppen unterscheiden: 1) Ärzte, meist Psychiater, die im Rahmen ihrer klinischen Tätigkeit mehrere Monate im Bereich Psychotherapie eingesetzt worden sind und hierdurch praktische Erfahrungen gewonnen und diese in Seminaren vertieft haben. 2) Personen aus den unterschiedlichsten Berufsgruppen (von Medizin und Psychologie über Pädagogik bis hin zu technischen Berufen), die an Psychotherapie interessiert sind und in Seminaren und Kursen sich Wissen und Erfahrung angeeignet haben und zum Teil therapeutisch tätig sind. Diese Gruppe unterteilt sich wiederum in Therapeuten, die Psychotherapie seriös betreiben und andere, die man als Scharlatane und Wunderheiler bezeichnen muss.

Die Situation hat sich in der letzten Zeit insoweit verändert, als das russische Gesundheitsministerium am 30.10.1995 eine Anordnung „Über die psychiatrische und psychotherapeutische Hilfe" herausgegeben hat, die erstmals die psychotherapeutische Ausbildung von Ärzten (aber nicht anderer Berufsgruppen) regelt. Diese detaillierte Anordnung, die federführend von Prof. B.D. Karvasarsky erarbeitet wurde, regelt die Ausbildungsinhalte für die Erlangung des Zertifikats „Psychotherapie". Die Ausbildung besteht aus 700 Stunden und umfasst theoretisches Wissen (mindestens 150 Stunden), praktische Erfahrung (mindestens 350 Stunden) und Selbsterfahrung (und Balint-Gruppen, Supervision) (mindestens 150 Stunden). Außerdem wird eine dreijährige klinische Tätigkeit in der Psychiatrie gefordert. Diese Verordnung ist ein Meilenstein in der Entwicklung der russischen Psychotherapie. Die Herausforderung und Schwierigkeit besteht jetzt in der Umsetzung dieser Richtlinien in die Praxis und deren Aufnahme in die Lehrpläne von Instituten und Ausbildungszentren.

Es gibt derzeit nur eine kleine Zahl von Instituten oder Hochschulen, die eine vollständige mehrjährige Psychotherapie-Ausbildung anbieten, meist am Lehrstuhl für Psychotherapie (und/ oder Psychiatrie oder medizinische Psychologie und Pädagogik). In Russland gibt es derzeit circa ein Dutzend universitäre Lehrstühle für Psychotherapie (meist am Lehrstuhl für Psychiatrie) bei insgesamt über 50 medizinischen Hochschulen.

In den Seminaren und Kursen werden vorwiegend theoretisches Wissen und psychologische Techniken vermittelt, aber kaum Selbsterfahrung und Supervision. Diese Seminare werden als Intensivseminare oder im Rahmen von Psychotherapie-Wochen angeboten. Supervision wird von vielen jungen Kollegen gefordert und gewünscht, wird aber bisher nur wenig angeboten. Viele Therapeuten sind auf der Suche nach Vorbildern (und „Helden"), derer es aber nur sehr wenige gibt. Die älteren Fachkollegen sind meist Theoretiker, so dass der jüngere praktizierende Psychotherapeut kaum lebende (und lebendige) Vorbilder eines Therapeuten hat und sich seine fachliche Identität selbst erarbeiten muss. Das Interesse und Bedürfnis, an einem Institut eine fundierte Ausbildung im Sinne einer Lehre zu absolvieren, in der nicht nur fachliches Wissen, sondern menschlich-ethische Werte auch durch ein Schüler-Lehrer-Verhältnis vermittelt werden, ist (nicht nur) in Russland sehr stark ausgeprägt. Von verschiedenen Autoren ist darauf hingewiesen worden, dass die Ausbildung zum Arzt in Russland circa 8.000 Stunden beansprucht (Kabanov, 1994), davon werden 97% für das Erlernen des Körpers und einzelner Organe verwendet und nur 3% für Psychologie, Ethik und verwandte Fächer. Man hat dies den ‚veterinären Ansatz' zur Ausbildung von Ärzten genannt (zitiert nach Kondraschenko u. Donskoi, 1997).

Transkultureller Vergleich: Wie die spätere Therapie von Patienten, so ist auch die Ausbildung zum Psychotherapeuten ein langer, mehrjähriger Prozess. Mit der Länge und Komplexität der Ausbildung wird fachliche Kompetenz verbunden. Die Ausbildung dauert circa 4-6 Jahre nach Abschluss des Studiums (meist Medizin oder Psychologie). Nach Wolberg (1977) „gibt es keine Abkürzung zur Erlangung einer therapeutischen Professionalität" und er widmet in seinem Handbuch ein ganzes Kapitel der ‚Ausrüstung des Psychotherapeuten' und beschreibt in diesem Zusammenhang die folgenden Voraussetzungen für eine Kompetenz als Psychotherapeut:

1. *Wissen:* Das Curriculum soll folgende Themengebiete beinhalten: Verhaltenslehre, Grundwissen der Neuropsychiatrie, Geschichte der Psychiatrie, die Entwicklung der dynamischen Psychologie, Techniken der Psychotherapie, Gruppentherapie, Ehetherapie, Familientherapie, verhaltenstherapeutische Ansätze, Kindertherapie, Prävention, Sozialpsychotherapie, Kultur und Persönlichkeit, psychologische Tests, Forschungsmethoden, spezielle Behandlungsformen, klinische Konferenzen und Fallvorstellungen.
2. *Persönlichkeit:* Die wichtigste Variable im therapeutischen Prozess ist nicht die Technik, sondern der Mensch, durch den diese Technik angewandt und umgesetzt wird, nämlich der Therapeut selbst (Strupp, 1972b). Es werden fünf Voraussetzungen genannt, die bei einem Therapeuten vorhanden sein müssen, um die notwendige therapeutische Beziehung aufzubauen und aufrecht zu erhalten: Sensibilität (zur Erfassung der verbalen und nonverbalen Botschaften des Patienten und des eigenen Verhaltens), Flexibilität (in der Anwendung von Methoden und Techniken unter Berücksichtigung der Einzigartigkeit des Patienten), Objekti-

vität (beim Umgang mit Übertragung und Gegenübertragung), Empathie (für die Not und Situation des Patienten) und die relative Abwesenheit von schweren emotionalen oder charakterlichen Störungen beim Therapeuten (Beherrschung eigener Impulse, Bedürfnisse und Erwartungen).

3. *Praktische Erfahrung:* Diese bezieht sich auf die Behandlung verschiedenster Krankheitsbilder und Störungen, in unterschiedlichen Settings (Einzel-, Familien-, Gruppentherapie etc.) unter mehrjähriger Supervision. Nach der ‚Straßburger Deklaration zur Psychotherapie von 1990' (EAP, 1990) ist „die Psychotherapie eine eigenständige wissenschaftliche Disziplin, deren Ausübung einen selbständigen und freien Beruf darstellt. Die psychotherapeutische Ausbildung erfolgt auf hohem, qualifizierten und wissenschaftlichen Niveau." Die ‚integrale Spezialausbildung in Psychotherapie' des Europäischen Verbandes für Psychotherapie (EAP, 1995) dauert mindestens vier Jahre und muss die vier Ausbildungsinhalte Selbsterfahrung (mindestens 250 Stunden), Theorie (Wissen) (mindestens 250 Stunden), Arbeit mit Patienten und Supervision (mindestens 130 Stunden) umfassen. Die Ausbildung erfolgt an einem zugelassenen Institut über den ganzen Zeitraum[15]. Sigmund Freud hatte bereits 1927 ‚analytische Hochschulen' gefordert und erläutert: „... Der Unterrichtsplan für den Analytiker ist erst zu schaffen, er muss geisteswissenschaftlichen Stoff, psychologischen, kulturhistorischen und soziologischen ebenso umfassen wie anatomischen, biologischen und entwicklungsgeschichtlichen ... Es ist bequem, gegen diesen Vorschlag einzuwenden, solche analytische Hochschulen gebe es nicht, das sei eine Idealforderung. Jawohl, ein Ideal, aber eines, das realisiert werden kann und realisiert werden muss".

15. Die EAP ist, vor allem in Deutschland, nicht unumstritten. Wesentliche Vorwürfe sind die Ermöglichung einer psychotherapeutischen Ausbildung für Nicht-Mediziner und Nicht-Psychologen, und die Anerkennung verschiedenster Psychotherapieformen und –methoden. Im Rahmen dieser Arbeit kann und will ich nicht auf diesen Konflikt eingehen. Vielleicht wäre jedoch ein konstruktiver Dialog mit der EAP und anderen europäischen Psychotherapiegesellschaften sinnvoll und dem Zeitgeist entsprechend. Dass die Frage nach wissenschaftlich anerkannten Methoden in Deutschland nicht unumstritten ist, zeigen u.a. jüngste Diskussionen über die Arbeit des Wissenschaftlichen Beirats Psychotherapie (Eckert, 2001).

Kapitel 5: Positive Psychotherapie – ein transkulturelles Vorgehen in der Psychotherapie

Die von Nossrat Peseschkian seit 1968 in Deutschland entwickelte Positive Psychotherapie (anfänglich hieß sie noch Differenzierungsanalyse) (N. Peseschkian, 1974, 1977) kann als eine humanistische Psychotherapie-Methode mit psychodynamischem Konfliktverständnis und tiefenpsychologischen und verhaltenstherapeutischen Elementen bezeichnet werden. N. Peseschkian selbst definiert seine Methode als „ein tiefenpsychologisch fundiertes Psychotherapie-Verfahren unter dem transkulturellen Gesichtspunkt, mit neuen Techniken im Sinne einer konfliktzentrierten und ressourcenorientierten Kurzzeitpsychotherapie“ (persönliche Mitteilung). Sie basiert auf transkulturellen Beobachtungen in über 20 Kulturen, die schließlich zur Entwicklung dieser Methode geführt haben. Die Positive Psychotherapie ist eine relativ neue Methode, ein neuer Weg zum Menschen (und derer gibt es bekanntlich viele), der grundsätzlich mehrere Ziele verfolgt: Therapie und Behandlung (therapeutischer Ansatz), Erziehung und Prävention (pädagogischer Ansatz), Förderung des interkulturellen Verständnisses (transkulturell-sozialer Ansatz) und die Zusammenarbeit und Integration verschiedener therapeutischer Richtungen (interdisziplinärer Ansatz). Da die in dieser Arbeit vorliegenden Untersuchungen mit dieser Methode durchgeführt worden sind, soll sie im folgenden kurz dargestellt werden.

Für das transkulturelle Verständnis mag es angebracht sein, kurz den *Status* der Positiven Psychotherapie darzustellen. Seit ihrer Entwicklung im Jahre 1968 wurde die Methode in über 60 Staaten auf Seminaren, Kongressen und Konferenzen vorgestellt. Es gibt derzeit weltweit circa 30 regionale Zentren (in Europa, Asien, Afrika, Nord- und Südamerika) und mehrere nationale Gesellschaften (Deutschland, Russland, Lithauen, der Ukraine, Rumänien, Bulgarien, Bolivien, Österreich). In Wiesbaden (Deutschland) befindet sich das Internationale Zentrum für Positive Psychotherapie (IZPP); die Methode wird seit 1974 an der Akademie für ärztliche Fort- und Weiterbildung der Landesärztekammer Hessen gelehrt; die Wiesbadener Akademie für Psychotherapie ist als Weiterbildungsstätte für die Ausbildung in Psychotherapie (Dauer: 5 Jahre) und Familientherapie voll anerkannt. Neben den Büchern von Nossrat Peseschkian, die zum Teil in über 20 Sprachen übersetzt worden sind, sind zahlreiche Publikationen von Schülern in verschiedenen Ländern publiziert worden. Zeitschriften für Positive Psychotherapie werden in Deutschland (seit 1979), Russland und Bulgarien (beide seit 1993) herausgegeben. Im Mai 1997 fand der erste Weltkongress für Positive Psychotherapie in St. Petersburg statt; im Juli 2000 der zweite Weltkongress in Wiesbaden, Deutschland.

Neben der praktischen Arbeit ist auch auf die wissenschaftliche Basis großen Wert gelegt worden. Bisher wurden neben zahlreichen kleineren Arbeiten mehrere Dissertationen und zwei Habilitationen mit der Methodik der Positiven Psychotherapie abgeschlossen. Eine mehrjährige Studie in Deutschland über „Computergestützte Qualitätssicherungsstudie der Positiven Psychotherapie“ wurde mit dem Richard-Merten-Preis 1997, dem wichtigsten europäischen Medizinpreis im Bereich der Qualitätssicherung, ausgezeichnet (Tritt et al., 1999). Damit ist die Positive Psychotherapie eine der ersten Psychotherapie-Methoden, die den wissenschaftlichen Nachweis ihrer Wirksamkeit erbracht hat.

Die Theorie der Positiven Psychotherapie beruht im wesentlichen auf *drei Hauptprinzipien:* dem positiven, dem inhaltlichen und dem strategischen Vorgehen.

Das positive Vorgehen – das Prinzip der Hoffnung und Ermutigung

Der Begriff des Positiven, der in der Positiven Psychotherapie besonders hervorgehoben wird, bezieht sich vor allem darauf, dass die Therapie nicht nur darauf ausgerichtet ist, ein bestimmtes Symptom oder eine Störung zu beseitigen (symptom-orientierte Medizin), sondern zunächst versucht wird, den Sinn dieser Krankheit zu erkennen und dem Patienten transparent zu machen. Positiv bedeutet hier entsprechend seiner ursprünglichen Bedeutung (lat.: positum, positivus) tatsächlich, wirklich, zweifellos, sicher, genau. Tatsächlich und wirklich sind somit nicht nur die Störungen und Konflikte, die eine Person oder eine Familie mit sich bringen, sondern auch die Fähigkeit, mit diesen Konflikten umzugehen, aus ihnen zu lernen und gesund zu werden. Krankheit kann auch als die Fähigkeit bezeichnet werden, so und nicht anders auf eine Situation, auf einen Konflikt zu reagieren. Sie stellt immer einen Selbstheilungsversuch des Menschen dar, der mehr oder weniger erfolgreich ist. Patienten leiden nämlich nicht nur unter ihren Krankheiten und Störungen, sondern auch unter der Hoffnungslosigkeit, die ihnen durch die Diagnose, vor allem in der Psychiatrie, übermittelt wird. Dieser Sachverhalt ist geschichtlich und kulturell bedingt – Konzentrierung auf das Pathologische – und läßt sich nur dann vermeiden, wenn wir andere Denkmodelle miteinbeziehen. Solche Alternativmodelle lassen sich aus dem Verhalten anderer Menschen, aus anderen therapeutischen Bezugsystemen und aus anderen Kulturen ableiten. Grundlegend ist hier das jeweilige Menschenbild, welches für den Arzt oder die Gesellschaft zu der jeweiligen Zeit Gültigkeit besitzt.

Die Bedeutung von Menschenbildern (in der Medizin und Psychotherapie)

Therapie und Psychotherapie und das gesamte praktische Verhalten ...
stehen unter den Bedingungen der Staatsmacht, der Religion,
der soziologischen Zustände, der herrschenden geistigen Tendenzen
eines Zeitalters, dann erst, aber keineswegs allein,
unter den Bedingungen der anerkannten wissenschaftlichen Erkenntnis.
Karl Jaspers (1955)

Der heutigen globalen Krise – sowohl im individuellen als auch im kollektiven Leben – mit ihren zahlreichen Auswirkungen und Facetten liegen sicherlich diverse Ursachen zugrunde, und Fachleute verschiedenster Disziplinen beschäftigen sich seit langem mit ihrer Erforschung. Aus psychotherapeutischer Sicht ist in diesem Zusammenhang die Frage nach dem Menschenbild von besonderer Bedeutung und kann gemeinsam mit seinem Einfluss auf zwischenmenschliche Beziehungen durchaus als die Herausforderung Nr. 1 der heutigen Psychotherapie und Psychiatrie bezeichnet werden – leiten sich doch alle anderen Fragen von dieser ab (Hagehülsmann, 1987; N. Peseschkian u. H. Peseschkian, 1993). In der Psychotherapie und Psychiatrie ist die Frage nach dem Menschenbild eng verknüpft mit dem Menschenbild des Psychotherapeuten selbst und dem der von ihm angewandten Methode. „Manchmal sind die Verschiedenheiten unter den einzelnen Therapeuten bedeutsamer als die Unterschiede zwischen den Theorien. Es wird klar, dass die Eigenschaften und Fähigkeiten des einzelnen Therapeuten für die Heilwirkung wichtiger sind als seine theoretische Ausrichtung" (A. Maslow zit. nach Goble, 1979). Allzu häufig werden Techniken und Theorien wichtiger genommen als das zugrundeliegende Menschenbild einer Methode, so dass sogar gefordert worden ist, dass „im Hinblick auf den nach allgemeiner Auffassung grundlegenden Einfluss von Menschenbildern auf psychologische Theorienbildung wie auch die Vergleichbarkeit von Theorien es durchaus wünschenswert sei, wenn das jeweilige Menschenmodell eines Wissenschaftlers und/oder einer Wissenschaftlergemeinschaft zumindest ihren grundlegenden Veröffentlichungen vorangestellt oder durch entsprechenden Literaturhinweis kenntlich gemacht würde" (Madsen, 1970, zitiert nach Bühler u. Allen, 1973). Ingesamt gesehen kann man die Aussagen der jeweiligen Menschenbilder auch als Modelle des Menschen oder Menschenmodelle kennzeichnen, die unser Verhalten als Menschen und Psychotherapeuten steuern. Es ist davon gesprochen worden, dass die Tatsache „dass mit dem Menschen ein Menschenbild gegeben ist, eine Qualität des Humanen [kennzeichnet]" (Vogler, 1972).

Betrachtet man die inhaltlichen Aussagen zum Begriff des Menschenbildes, so lassen sich neben der gemeinsamen Aussage, dass psychologische Theorien durch jeweils verschiedene Menschenbilder bestimmt werden, folgende Anmerkungen herausarbeiten: Menschenbilder enthalten philosophische und transzendente Voraussagen; sie bieten eine Antwort auf die Frage ‚was ist der Mensch'; sie spiegeln alle in einer historischen Epoche vorherrschenden Auffassungen und Vorstellungen des Menschen über sich selbst und über das Wesen des Menschen wieder; und sie bieten einen Begriff des Menschen, der sich in einer bestimmten kulturellen Epoche und deren geistigen Klima entwickelt hat (Westmeyer, 1973; Clauss et al., 1976; Dorsch et al., 1982; Scheerer, 1983). Die Inhalte solcher Aussagen über das Wesen des Menschen beziehungsweise über die wesentlichen Elemente menschlicher Existenz umfassen Fragen wie: Was ist dem Menschen körperlich/geistig/seelisch möglich zu leisten, was kann er unmöglich leisten, was hilft ihm sicher, was taugt für ihn auf keinen Fall, was kann man ihm zumuten, ohne ihn im Kern anzugreifen? Welchen Sinn hat die Therapie und was will sie erreichen? Welche Würde und Stufe hat der Mensch? Daneben enthalten Menschenbilder auch Aussagen zur Verantwortlichkeit, Freiheit, Entscheidungsfähigkeit und zum Willen des Menschen. Weiterhin wird Stellung zur Genese psychischer Störungen (Krankheitslehre) bezogen, sowie ein Modell des störungsfreien (gesunden) Individuums entworfen (es sei angemerkt, dass in einigen, auch in der Psychotherapie vorherrschenden Menschenbildern der Mensch nie gesund sein kann, so dass es nach diesen Theorien den störungsfreien Menschen gar nicht gibt bzw. geben kann).

Wenn man sich die Aussagen von Schriftstellern und Dichtern über den Menschen anschaut, dann gibt es einerseits Aussprüche, wie „der Mensch ist ein undankbarer Zweibeiner" (Dostojewski), „die Tragödie Gottes" (Morgenstern), „eine nutzlose Leidenschaft" (Sartre), „ein Abfallprodukt der Liebe" (Lec), „ein charakterloses Tier" (Hazlitt), „ein durch die Zensur gerutschter Affe" (Laub), und andererseits Aussprüche, wie „der Mensch ist das Modell der Welt" (Leonardo da Vinci), „der Mensch ist die Medizin des Menschen" (afrikanisches Sprichwort), „der Mensch ist ein halber Prophet" (jüdisches Sprichwort), „der Mensch ist ein Reichtum" (afrikanisches Sprichwort), „das Wesen, welches will" (Schiller) (alle zit. nach Schmidt, 1992), und „der Mensch ist der höchste Talisman" (Bahá'u'lláh, 1982).

Herkömmliche Psychiatrie und Psychotherapie beziehen ihre Menschenbilder aus der Psychopathologie. Krankheiten und Störungen sind ihr Gegenstand. Das Ziel einer Behandlung liegt in der Beseitigung der Krankheit, vergleichbar mit der chirurgischen Entfernung eines kranken Organs. Dieser symptomorientierte Ansatz hat seine Wurzeln im reduktionistisch-mechanistischen Menschenbild, welches von Descartes, Newton, und anderen seit Ende des 17. Jahrhunderts geprägt wurde und bis heute die Medizin nachhaltig beeinflusst hat (Capra, 1985). Die analytische Denkmethode von Descartes führte u.a. zum Reduktionismus, dem Glauben, alle Aspekte komplexer Phänomene könnten verstanden werden, wenn man sie auf ihre Bestandteile reduziert. Aussagen, wie „... Für mich ist der menschliche Körper eine Maschine. In Gedanken vergleiche ich einen kranken Menschen und eine schlecht gemachte Uhr mit meiner Idee von einem gesunden Menschen und einer gut gemachten Uhr ..." (Descartes, zitiert nach: Rodis-Lewis, 1978), haben bis heute unser therapeutisches Handeln und wissenschaftliches Vorgehen wesentlich beherrscht und nachhaltig beeinflusst[16]. Das kartesianische Menschenbild hat insbesondere in der somatischen Medizin große Erfolge hervorgebracht, es hat jedoch die Richtung der wissenschaftlichen Forschung eingeengt und Ärzte daran gehindert, viele der heute grassierenden schweren Krankheiten zu begreifen. Insbesondere die kartesianische Trennung von Geist und Materie „Der Körper enthält nichts, was dem Geist zugerechnet werden könnte, und der Geist beinhaltet nichts, was zum Körper gehörig wäre" (Descartes, zitiert nach: Sommers, 1978), hat in allen Wissenschaften, insbesondere aber in der Psychologie, Psychotherapie und Psychiatrie, zu endloser Konfusion über die Beziehung zwischen dem Geist und dem Gehirn geführt (Capra, 1985). Die wichtige Rolle der präzisen Definition und Lokalisierung von Krankheitsbildern wurde auch beim medizinischen Studium der Geisteskrankheiten betont. Statt zu versuchen, die psychologischen Dimensionen von Geisteskrankheiten zu verstehen, konzentrierten sich die Psychiater darauf, organische Ursachen für alle seelischen Störungen zu finden. Die kartesianische Unterscheidung zwischen Geist und Materie hat das abendländische Denken tief beeinflusst. Sie hat Ärzte davon abgehalten, die psychologischen Dimensionen der Krankheit ernstlich zu erwägen, und Psychotherapeuten davon, sich mit den Körpern ihrer Patienten zu befassen. Bezugnehmend auf diese Spaltung zwischen Geist und Materie schrieb Heisenberg: „Diese Spaltung hat sich in den auf Descartes folgenden drei Jahrhunderten tief im menschlichen Geist eingenistet, und es wird noch viel Zeit vergehen, bis sie durch eine echte andersartige Haltung gegenüber dem Problem der Wirklichkeit ersetzt werden wird" (1962). Durch die Konzentration auf kleine und immer kleinere Teile des Körpers verliert die moderne Medizin oft aus den Augen, dass der Patient ein menschliches Wesen ist; und da sie die Gesundheit auf eine mechanische Funktion reduziert, kann sie nicht mit dem Phänomen des Heilens fertig werden.

Gesundheit und das Phänomen des Heilens hatten in verschiedenen Zeitaltern verschiedene Bedeutung. Der Begriff der Gesundheit lässt sich wie der des Lebens nicht genau definieren; tatsächlich hängen beide eng zusammen. Was man mit Gesundheit meint, hängt davon ab, wie man den lebendenden Organismus und seine Beziehung zu seiner Umwelt sieht. Da sich diese Anschauung von einer Kultur zur anderen und von einer Ära zur anderen wandelt, wandeln sich auch die Vorstellungen von Gesundheit. Der umfassende Gesundheitsbegriff, den wir für den anstehenden kulturellen Wandel brauchen – ein Begriff, der individuelle, soziale und ökologische Dimensionen einschließt -, wird ein Systembild der Gesundheit erfordern. Heise (1998) spricht in diesem Zusammenhang von der Notwendigkeit eines „bio-sozio-psycho-spirituellen Menschenbildes". Für den Anfang könnte die von der Weltgesundheitsorganisation in der Präambel zu ihrer Charta gegebene Definition nützlich sein: „Gesundheit ist ein Zustand vollkommenen physischen, geistigen und sozialen Wohlergehens und nicht nur das Fehlen von Krankheit und Behinderung." Obwohl die Definition der Weltgesundheitsorganisation etwas unrealistisch ist, vermittelt sie doch den Gedanken des ganzheitlichen Wesens der Gesundheit, den man begreifen muss, wenn

16. Der bekannte russische Forscher und Nobelpreisträger I.P. Pawlow soll nach dem Besuch eines Kranken gesagt haben: „Maschine … Maschine und nichts mehr. Apparat, ein beschädigter Apparat." (zit. nach Wetter, 1958).

man das Phänomen des Heilens verstehen will. In allen Epochen wurde das Heilen von volkstümlichen Heilern praktiziert, die sich von der überlieferten Weisheit leiten ließen, dass Krankheit eine Störung des gesamten Menschen ist, wobei nicht nur der Körper des Patienten eine Rolle spielt, sondern auch sein Geist, sein Selbstbewusstsein, seine Abhängigkeit von der natürlichen und gesellschaftlichen Umwelt, wie auch seine Beziehungen zum Kosmos und zu den Gottheiten (Capra, 1985).

Ein weiterer wichtiger Aspekt des mechanistischen Menschenbildes und der technischen Betrachtung der Gesundheit ist die Entmündigung und der „Ausschluss“ des Patienten. Der Arzt ist für die Heilung verantwortlich, der Patient ist eher ein unbeteiligter Beobachter. Das Heilungspotential im und des Patienten wird wenig berücksichtigt. Capra (1985) fordert in diesem Zusammenhang eine „Kulturrevolution.“ Weiter heißt es bei ihm: „Und eine solche Revolution ist notwendig, wenn wir unsere Gesundheit verbessern oder auch nur zu bewahren wünschen. Die Mängel unseres gegenwärtigen Gesundheitssystems... treten mehr und mehr zutage, und es wird immer offensichtlicher, dass dies eine Folge seines beschränkten weltanschaulichen Modells ist... Die biomedizinische Forschung muss in ein umfassenderes System der Gesundheitsfürsorge integriert werden, in dem die menschlichen Erkrankungen als Ergebnis des Zusammenwirkens von Geist, Körper und Umwelt gesehen und entsprechend untersucht und behandelt werden. Wir werden das biomedizinische Modell nur sprengen, wenn wir gewillt sind, auch anderes zu verändern. Dieser Vorgang muss letztlich Teil der gesamten gesellschaftlichen und kulturellen Umwandlung sein.“ In seinem Werk „In Vorbereitung auf das 21. Jahrhundert“ kommt Paul Kennedy (1993) zu der Schlussbetrachtung: „Die Kraft und die Komplexität der Kräfte des Wandels sind enorm und einschüchternd; dennoch mag es noch immer intelligenten Männern und Frauen möglich sein, ihre Gesellschaften in die komplizierte Aufgabe der Vorbereitung auf das vor uns liegende Jahrhundert zu führen. Stellt die Menschheit sich indessen diesen Herausforderungen nicht, so wird sie sich die Katastrophen, die vor ihr liegen könnten, ausschließlich selbst zuzuschreiben haben.“ Charles Hampden-Turner (1993) beschreibt 60 Modelle des Menschen und merkt in seiner Einführung über Menschenbilder an: „Dieses Buch ist ein Plädoyer für eine Revision der Sozialwissenschaften, der Religion und Philosophie, um Zusammenhänge, Kohärenz, Wechselbeziehungen, organische Sichtweisen und Ganzheiten hervorzuheben, im Gegensatz zu den zerstückelnden, reduzierenden und aufspaltenden Kräften der vorherrschenden Orthodoxie.“

Vielleicht ist es an der Zeit, den im Westen blühenden Richtungsstreit zwischen verschiedenen Psychotherapieverfahren aufzugeben und sich den Nöten unserer Patienten und Gesellschaft zuzuwenden. Psychotherapeuten haben tiefe Einsichten in das menschliche Verhalten und deshalb eine große gesellschaftliche Verantwortung, die wir bisher unzureichend wahrgenommen haben.

Das Menschenbild der Positiven Psychotherapie

Die Positive Psychotherapie nun ist ein fähigkeiten- und ressourcen-orientierter Ansatz in der Psychotherapie, der zunächst von den Möglichkeiten des Patienten ausgeht und sich erst dann mit der Erkrankung befasst. Ihr Menschenbild umfasst, neben anderen Elementen, die wesentlichen der humanistischen Psychologie, wie z.B. die Annahme der Veränderbarkeit des Menschen, denn das therapeutische Handeln wäre sinnlos, wenn es nicht vom Glauben an die Modifizierbarkeit des Menschen getragen wäre (Herzog, 1982). Einzelne Schulen der Psychotherapie unterscheiden sich nicht in der Annahme oder Ablehnung dieser Voraussetzung, sondern vorwiegend im ‚Wie‘

der Veränderbarkeit (freiwillig, auf Anordnung, durch Zwang, selbstverantwortlich oder unter Kontrolle eines Therapeuten, Änderungen kognitiver Prozesse oder der gesamten Persönlichkeit) etc. Weiterhin wird davon ausgegangen, dass der Mensch ein aktiver Gestalter seiner eigenen Existenz ist (Bühler u. Allen, 1973), dass er sich bewusst oder unbewusst an bestimmten Werten ausrichtet und sein Leben mit Sinn zu erfüllen sucht und dass Selbstverwirklichung sich nur in ständigem Austausch mit der sozialen Umwelt vollziehen kann (Völker, 1980). Menschenbilder enthalten immer auch ein Weltbild, in dem die Stellung des Menschen zu seiner organischen und materiellen Umwelt sowie die Interaktionen innerhalb dieses Feldes thematisiert werden. Zudem haben wissenschaftliche Aussagen über den Menschen auch deswegen immer eine politische Dimension, weil sie die bestehenden Verhältnisse entweder zu bestätigen oder zu verändern suchen. „Eine Persönlichkeitstheorie sollte die Bemühungen des Menschen, sich selbst zu verstehen, freisetzen und nicht einengen“ (Bischoff, 1983). Sie sollte weiterhin, „will sie es wert sein, überhaupt beachtet zu werden, für das gesamte Kontinuum menschlicher Existenz einen sinnvollen Raum bieten“ (Feifel, 1963), und „Ziel der humanistischen Persönlichkeitspsychologie sollte sein, umfassende Modelle von Persönlichkeit zu entwickeln und den Menschen zu unterstützen, sein Leben zu bewältigen und seine Möglichkeiten zu entfalten.“ Dabei sollte diese Entfaltung „den Menschen umfassender begreifen – als Teil des Kosmos, in dem er lebt.“ (Clemens-Lodde u. Schäuble, 1980).

Nachfolgend das Menschenbild der Positiven Psychotherapie und ihr Einfluss auf die therapeutische Arbeit.

Das ‚positive Vorgehen‘ resultiert aus dem neuen, positiven Menschenbild der Positiven Psychotherapie, dem die Aussage zugrunde liegt, dass jeder Mensch – ohne Ausnahme – von Natur aus zwei Grundfähigkeiten besitzt, die Liebes- und die Erkenntnisfähigkeit (siehe Abb. 1)

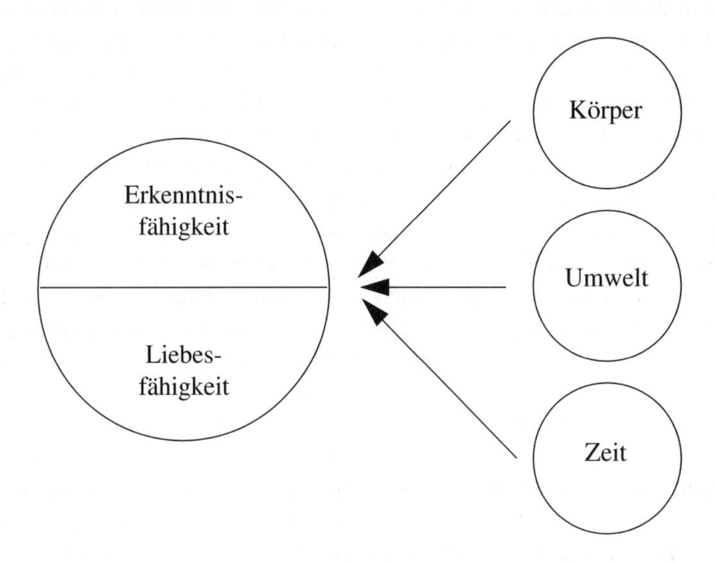

Abb 1. Die Grundfähigkeiten nach der Positiven Psychotherapie

Beide Grundfähigkeiten gehören zum Wesen eines jeden Menschen und sind von Geburt an in ihm angelegt. Je nach den Bedingungen seines Körpers, seiner Umwelt (Erziehung, Bildung und

Kultur) und der Zeit, in der er lebt (Zeitgeist), können sich diese Grundfähigkeiten differenzieren und zu einer unverwechselbaren Struktur von Wesenszügen führen, die später den Charakter und die Einzigartigkeit des Menschen ausmachen. Dieses Postulat von den Grundfähigkeiten (vergleiche auch „Das Konzept der Grundfähigkeiten in verschiedenen psychotherapeutischen Schulen" bei N. Peseschkian, 1977) bedeutet, dass der Mensch seinem Wesen nach gut ist. ‚Seinem Wesen nach gut' bedeutet, dass jeder Mensch mit einer Fülle von Fähigkeiten ausgestattet ist, die vergleichbar mit den in einem Samenkorn verborgenen Möglichkeiten entwickelt werden müssen. Die Positive Psychotherapie distanziert sich hiermit deutlich vom Triebdeterminismus der Psychoanalyse oder des menschlichen Maschinenmodells der Verhaltenstherapie und von Menschenbildern, die den Menschen als von Grund auf böse oder als ‚Tabula rasa' ansehen. Anders ausgedrückt, nach der Positiven Psychotherapie ist der Mensch von Grund auf gesund, so dass ein Ziel der Therapie darin bestehen kann, den Menschen wieder zu seiner Gesundheit (im weitesten Sinne) zurückzuführen. Aus transkultureller Sicht können wir im Hinblick auf die Grundfähigkeiten beobachten, dass in westlichen Kulturen eine Betonung auf der Erkenntnisfähigkeit zu finden ist, während in orientalischen Kulturen die Liebesfähigkeit im Vordergrund steht und als Ausmaß der Gesundheit angesehen wird. Wir sehen Russland in diesem Zusammenhang nicht zwischen dem Dualismus ‚Ost und West', sondern als eine eigenständige Kultur.

Wie jedes Menschenbild einer psychotherapeutischen Richtung ist auch dieses vom Menschenbild ihres Begründers geprägt worden und basiert auf einem weltanschaulichen Hintergrund. Zwei Quellen haben während der Entwicklung der Positiven Psychotherapie besonderen Einfluss auf Nossrat Peseschkian ausgeübt: Seine eigene transkulturelle Situation (Iran – Deutschland) und seine Weltanschauung als Bahá'í (Barash, 1993b). Der erste Aspekt führte zum transkulturellen Ansatz und der letztere, gemeinsam mit anderen Einflüssen, zum positiven Menschenbild. Das Menschenbild des Bahá'í-Glaubens erläutert, dass „der Mensch der höchste Talisman [ist]" und als „ein Bergwerk reich an Edelsteinen von unschätzbarem Wert [betrachtet werden sollte]" (Bahá'u'lláh, 1982; Jordan u. Streets, 1973). Dieses positive Menschenbild – ich möchte es als „Revolution für die Psychotherapie und Psychiatrie" bezeichnen – hat nun eine Vielzahl von Konsequenzen und Auswirkungen auf die alltägliche Arzt-Patient-Beziehung – von denen einige näher erläutert werden sollen. Weiterhin bedeutet dieses Menschenbild, dass das Böse und Schlechte nicht als eigenständige Entität existieren. Genauso wie Dunkelheit die Abwesenheit von Licht ist, so ist auch das Böse (nur) das Fehlen des Guten ('Abdu'l-Bahá, 1977). Für die praktische therapeutische Arbeit bedeutet dies, dass ein Mensch der unpünktlich, unhöflich oder unordentlich ist, die Fähigkeiten der Pünktlichkeit, Höflichkeit oder Ordnung nicht entwickelt hat. Deshalb bezeichnet man ihn als unpünktlich etc. Aber er hat nicht die Fähigkeit der Unpünktlichkeit, Unhöflichkeit oder Unordnung entwickelt. Somit spüren wir zwar die Auswirkung der abwesenden Fähigkeiten, aber theoretisch hat dieser Mensch die Möglichkeit seine positiven Fähigkeiten zu entwickeln. In ihrer Arbeit „Kann man die Positive Psychotherapie als „Revolution" in der psychotherapeutischen Praxis ansehen?" fordert Isurina (1993), dass von einer Revolution nur dann ausgegangen werden kann, wenn eine neue Persönlichkeitstheorie entwickelt wird, die sich von den bisherigen wesentlich unterscheidet. Falls wir nun die Persönlichkeitstheorie als die Grundlage einer Methode ansehen, so müssen wir, unseres Erachtens, das Menschenbild als Grundlage der Persönlichkeitstheorie betrachten. Humanistische Methoden sind selbstverständlich ressourcen-orientiert, aber die Positive Psychotherapie geht einen deutlichen Schritt weiter, wenn sie die Behauptung aufstellt, dass „jeder Mensch von Natur aus gut ist" und dieses Menschenbild sich nicht nur in den angewandten Techniken, sondern vor allem im Umgang mit dem

Patienten widerspiegelt. Ob dies „ausreicht", um als revolutionär beschrieben zu werden, wird die (nahe) Zukunft zeigen.

Für die Praxis bedeutet das positive Menschenbild, sich und andere zunächst so zu akzeptieren, wie wir gegenwärtig sind, aber auch das zu sehen, was wir werden können. Dies bedeutet, den Patienten mit seinen Störungen und Krankheiten als Mensch anzunehmen, um dann mit seinen noch unbekannten, verborgenen und durch die Krankheit verschütteten Fähigkeiten Beziehung aufzunehmen. Hierbei fragen wir nach der Bedeutung, die ein Symptom für einen Menschen und seine Gruppe hat und wollen dabei die „positive" Bedeutung miterfassen (Symbolfunktion der Krankheit). Störungen und Erkrankungen werden somit als eine Art Fähigkeit angesehen, auf einen bestimmten Konflikt so und nicht anders zu reagieren. In diesem Sinne werden Krankheitsbilder und Störungen in der Positiven Psychotherapie neu interpretiert (N. Peseschkian, 1991, H. Peseschkian, 1993a). Einige Krankheitsbilder seien hier beispielhaft angeführt:

- Depression ist die Fähigkeit, mit tiefster Emotionalität auf Konflikte zu reagieren.
- Frigidität ist die Fähigkeit, mit dem eigenen Körper ‚nein' zu sagen.
- Angst vor Einsamkeit bedeutet, das Bedürfnis zu haben, mit andern Menschen zusammen zu sein.
- Alkoholismus ist die Fähigkeit, sich selbst diejenige Wärme zuzuführen, die man von anderen nicht erhält.
- Psychose ist die Fähigkeit, in zwei Welten zur gleichen Zeit zu leben oder die Fähigkeit, sich in eine Phantasiewelt zu begeben.

Das positive Vorgehen führt somit zu einem Standortwechsel aller Beteiligten – Patient, Familie und Arzt –, der die Basis für eine therapeutische Zusammenarbeit darstellt, so dass eine konsequente Auseinandersetzung mit bestehenden Problemen und Konflikten ermöglicht wird. Man kommt somit vom Symptom zum Konflikt. Dieser Ansatz hilft uns, sich auf den ‚wahren' Patienten zu konzentrieren, der ja allzu häufig nicht unser Patient ist – dieser fungiert nur als Symptomträger und kann als „schwächstes Glied" der (Familien-)Kette bezeichnet werden; der ‚wahre' oder ‚wirkliche' Patient „sitzt" häufig zu Hause (H. Peseschkian, 1993a). Bildlich gesprochen können Symptome und Erkrankungen mit der Spitze eines Eisberges verglichen werden, die aus dem Wasser ragt. Die überwiegenden Massen des Eisberges – die Konflikte des Patienten – liegen verborgen (und zum großen Teil unbewusst) und benötigen besonderer ‚Techniken', um ‚sichtbar' gemacht zu werden. In der Positiven Psychotherapie geschieht dies u.a. mit der Hilfe der positiven Interpretationen, der Anwendung von Geschichten und dem transkulturellen Ansatz.

Geschichten, Märchen, Mythologien, Sprichwörter und Sprachbilder werden unter der Berücksichtigung ihrer neun Funktionen (vergleiche N. Peseschkian, 1979) gezielt im therapeutischen Prozess eingesetzt. Sie werden vorwiegend als nicht-rationale Zugangsmöglichkeiten verwendet, die den Patienten in die Lage versetzen, von seiner Phantasie und Intuition (Liebesfähigkeit) vermehrt Gebrauch zu machen und neue Lösungsmöglichkeiten für sich zu sehen. Dieser Ansatz hat sich als besonders erfolgreich bei sogenannten ‚schweren' Patienten erwiesen, die einem rationalen Zugang nicht offen sind, wie zum Beispiel Borderline-Persönlichkeitsstörungen.

Der *transkulturelle Ansatz* der Positiven Psychotherapie beschäftigt sich zunächst mit der Frage: „Was haben alle Menschen gemeinsam, und wodurch unterscheiden sie sich?" Diese Frage wurde von Nossrat Peseschkian bereits 1974 gestellt und stellt die Basis des transkulturellen Ansatzes der Positiven Psychotherapie dar. Diese Frage beinhaltet sowohl die Gemeinsamkeiten verschiedener Menschen und ihrer Kulturen als auch ihre Einzigartigkeiten – beides unabdingbar für transkulturelle Arbeit. Wir fragen hierbei, wie die gleichen Probleme oder Konflikte von anderen

Kulturen wahrgenommen und bewertet werden. Es sei angemerkt, dass eine ‚andere Kultur‘ auch innerhalb des eigenen Landes gefunden werden kann, hat doch eine jede Familie, sogar jeder Mensch im Grunde seine eigene Kultur. In dem man sich vergegenwärtigt, dass das gleiche Verhalten in einer anderen Kultur oder zu einer anderen Zeit nach anderen Maßstäben bewertet wird, es dort als unauffällig oder gar wünschenswert gilt, vollzieht sich eine Erweiterung des Horizonts. Man misst das Verhalten nicht mehr allein an vorgegebenen Wertmaßstäben, sondern vergleicht es mit anderen Konzepten. Dies bedeutet für zwischenmenschliche Beziehungen, dass durch die Relativierung der eigenen Werthaltungen Vorurteile in Frage gestellt, Fixierungen gelöst und Kommunikationsblockaden aufgehoben werden. Es kommt zu einer Aufhebung der ‚neurotischen Einengung‘ und somit zu einer Erweiterung des Reaktionsrepertoires. Dies kann auch als die gesellschaftspolitische Dimension der Positiven Psychotherapie bezeichnet werden. Diese Dimension wird hier besonders erwähnt, da jede Psychotherapie neben der therapeutischen auch immer eine gesellschaftliche, politische, seelsorgerische, aber auch spirituell-religiöse Funktion hat. Diese Funktionen können, falls gezielt eingesetzt, einen nachhaltigen, fördernden Einfluss auf Mensch und Gesellschaft ausüben – sie können aber auch missbraucht werden. Beides lässt sich heute beobachten: Psychotherapien werden zu Ersatzreligionen, Therapeuten zu Gurus oder Propheten, und zwischen Vertretern verschiedener Schulen finden Glaubenskämpfe statt. Dies unterstreicht nochmals die besondere Bedeutung des zugrundeliegenden Menschenbildes einer psychotherapeutischen Schule. Viele der heute angewandten Psychotherapien stellen keine Schule, Theorie oder ein System im eigentlichen Sinne dar. Man kann sie als Techniken bezeichnen, die sehr wirksam sein können, aber eine Theorie und ein Krankheitskonzept nicht ersetzen können.

Der positive Ansatz führt somit über Ermutigung zu Hoffnung, Glauben und Zuversicht, die, wie aus Untersuchungen bekannt ist (Wolberg, 1977), die im Menschen innewohnenden Fähigkeiten und Selbsthilfepotentiale mobilisieren und freisetzen können.

Das inhaltliche Vorgehen der Positiven Psychotherapie

Im alltäglichen Umgang mit Patienten zeigte sich, dass es in der Regel nicht etwa die großen Ereignisse (Makrotraumen) waren, die zu Störungen führten, sondern die immer wiederkehrenden kleinen seelischen Verletzungen (Mikrotraumen), die zu „empfindlichen“ oder „schwachen“ Stellen führen, die schließlich zu Konfliktpotentialen auswachsen. Was sich auf dem psychotherapeutischen Sektor als Konfliktpotential und Entwicklungsdimension darstellte, fand sich in Moral, Ethik und Religion im normativen Sinn als Tugend wieder. Die Verhaltensbereiche wurden zu einem Inventar zusammengestellt (N. Peseschkian, 1974), mit dessen Hilfe sich die inhaltlichen Komponenten der Konflikte und Fähigkeiten beschreiben lassen. Diese Bereiche, als Aktualfähigkeiten bezeichnet, lassen sich in zwei Gruppen einteilen. Zu nennen sind die leistungsorientierten psychosozialen Normen (sekundäre Fähigkeiten, wie Pünktlichkeit, Ordnung, Sparsamkeit, Sauberkeit, Fleiß/Leistung, Gehorsam, Höflichkeit, Ehrlichkeit, Treue, Gerechtigkeit, Zuverlässigkeit und Genauigkeit); sowie die emotional-orientierten Kategorien (primäre Fähigkeiten, wie Liebe, Geduld, Vertrauen, Sexualität, Zeit, Vorbild, Kontakt, Hoffnung und Glaube). Die Aktualfähigkeiten werden im Verlaufe der Sozialisation inhaltlich entsprechend dem soziokulturellen Bezugssystem gestaltet und durch die einzigartigen Bedingungen der individuellen Entwicklung geprägt. Als Konzepte werden sie in das Selbstbild aufgenommen und bestimmen die Spielregeln dafür, auf welche Weise man sich und seine Umwelt wahrnimmt und mit ihren Problemen fertig wird.

Aus transkultureller Sicht ist anzumerken, dass die primären Fähigkeiten der Emotionalität, wie Liebe, Vertrauen und Kontakt, eher in orientalischen Kulturen und sekundäre Fähigkeiten, wie Ordnung, Pünktlichkeit und Sauberkeit, stärker in westlichen Kulturen ausgeprägt sind. Bereits in der frühen Kindheit wird der Schwerpunkt durch Eltern und Gesellschaft festgelegt, zum Beispiel durch Fütterungszeiten des Säuglings etc.

Der Einfluss der Aktualfähigkeiten vollzieht sich in vier Medien: Mittel der Sinne, Mittel des Verstandes, Mittel der Tradition und Mittel der Intuition/Phantasie (siehe Abb. 2)

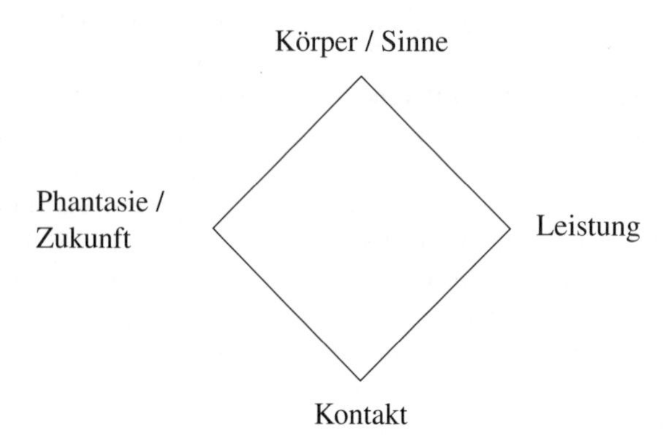

Abb. 2. Das Balance-Modell

Beobachtungen von N. Peseschkian (1977, 1980) in verschiedenen Kulturen zeigten, dass es in den oben genannten vier Medien ‚Vier Wege der Erkenntnisfähigkeit' gibt, die auch als die ‚Vier Qualitäten des Lebens' bezeichnet werden können. Dieses Balance-Modell, manchmal auch als Diamant bezeichnet, basiert auf dem ganzheitlichen Menschenbild der Positiven Psychotherapie. Wir sprechen in diesem Zusammenhang von biologisch-körperlichen, rational-intellektuellen, sozio-emotionalen und geistig-spirituellen Sphären und Fähigkeiten des Menschen. Obwohl das Potential zu allen vier Fähigkeiten in jedem Menschen angelegt ist, werden durch Umwelt und Sozialisation einige besonders betont und andere vernachlässigt. Jeder Mensch entwickelt seine eigenen Präferenzen, wie er auftretende Konflikte verarbeitet (‚Vier Wege der Konfliktverarbeitung'): durch Flucht in körperliche Beschwerden und Krankheiten, durch Flucht in die Arbeit, durch Flucht in die Einsamkeit oder Geselligkeit oder durch Flucht in die Phantasie. Welche Formen der Konfliktverarbeitung bevorzugt werden, hängt zu einem wesentlichen Teil von den Lernerfahrungen ab, vor allem von denen, die man in seiner eigenen Kindheit machen konnte. Nach der Positiven Psychotherapie ist nun nicht derjenige Mensch gesund, der keine Probleme hat, sondern derjenige, der gelernt hat mit den auftretenden Konflikten angemessen umzugehen. Gesund ist nach dem Balance-Modell derjenige, der versucht, seine Energie gleichmäßig auf alle vier Bereiche zu verteilen. Ein Ziel der psychotherapeutischen Behandlung ist es, dem Patienten zu helfen, seine eigenen Ressourcen zu erkennen und zu mobilisieren, mit dem Ziel, die vier Bereiche in ein dynamisches Gleichgewicht zu bringen. Hierbei wird besonderer Wert auf eine balancierte Energieverteilung (von „25%" auf jeden Bereich) gelegt und *nicht* auf eine gleichmäßige Zeitverteilung. Eine länger andauernde Einseitigkeit kann neben anderen Ursachen zu Konflikten und somit zu Krankheiten führen. In diesem Zusammenhang ist es wichtig festzustellen, dass die Einzigartigkeit des Patienten berücksichtigt werden muss, so dass er das für ihn stimmige individuelle Gleichgewicht im Rahmen der Vier Bereiche erreichen kann. Auch hier zeigt sich erneut der Einfluss des positiven Menschenbildes, welches ein Konzept des gesunden Menschen besitzt und Wege aufzeigt, wie Gesundheit erlangt werden kann. Statt von einem pathogenetischem wird von einem salutogenetischen, das heißt einem gesundheitsorientiertem Konzept ausgegangen.

Unsere Untersuchungen (H. Peseschkian, 1993a) haben die Effektivität dieses Modells in der transkulturellen Psychotherapie gezeigt. Während in individualistischen Kulturen Westeuropas und Nordamerikas vorwiegend die Bereiche körperliche Gesundheit und Sport (Körper) und Beruf (Leistung) eine Rolle spielen, sind es in den kollektivistischen Kulturen des Orients (Naher Osten) vorwiegend die Bereiche Familie, Freunde und Gäste (Kontakte) und Fragen nach der Zukunft, dem Sinn des Lebens und weltanschauliche Fragen (Phantasie/Intuition). In Russland konnten wir bei Untersuchungen in über 25 Regionen die Beobachtung machen, dass es hier zwar einerseits eine Tendenz und ein Interesse an allen vier Bereichen gibt, andererseits aber die Bereiche Beruf/Leistung und Freunde/Familie eine wesentliche Rolle spielen (siehe Abb. 3). „Im Sozialismus ist die Arbeit die Grundlage für soziale Gerechtigkeit. Nur die Arbeit entscheidet darüber, welchen Platz ein Bürger in der Gesellschaft einnimmt, über seinen sozialen Status." (XXVII. Parteitag der KPdSU, zit. in Gorbatschow, 1987).

Interessant ist in diesem Zusammenhang, dass Russland sich nicht nur geographisch, sondern auch psychologisch zwischen Ost und West befindet. Dies mag ein weiterer Hinweis sein, dass es nicht darauf ankommen kann, Russland als europäisch oder asiatisch einzustufen – was viele vergeblich versucht haben und noch immer tun, sondern seine Einzigartigkeit zu erkennen und auf diese angemessen einzugehen.

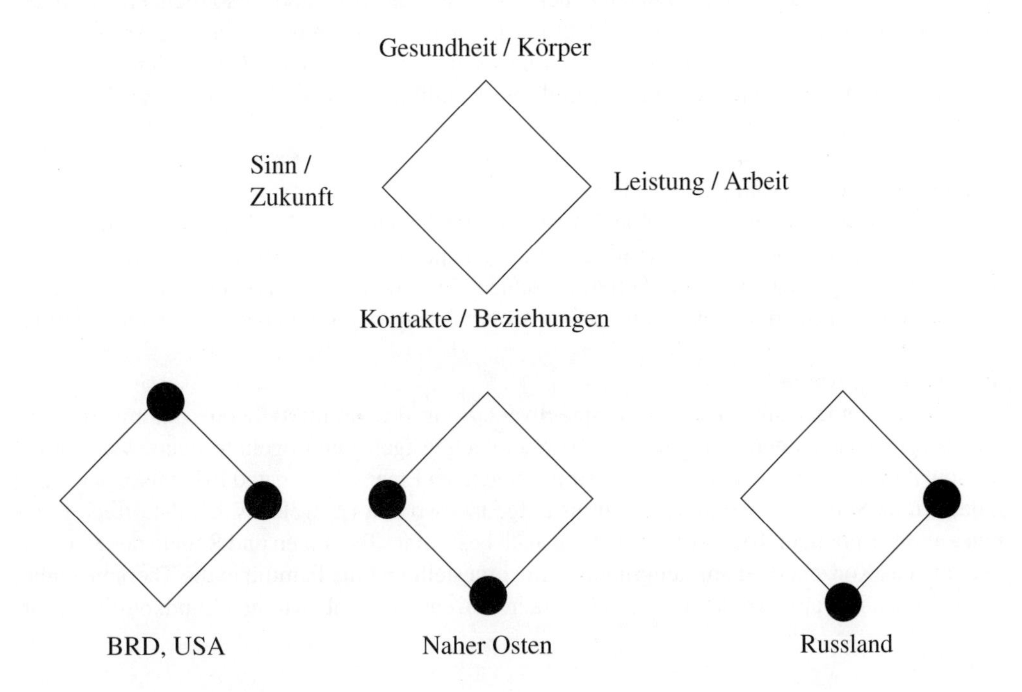

Abb. 3. Das Balance-Modell im transkulturellen Vergleich

Das strategische Vorgehen im ‚5-Stufen-Modell'

Im Rahmen von Psychotherapie und Selbsthilfe benutzt die Positive Psychotherapie ein fünfstufiges Verfahren, welches sich in die Stufen der Bobachtung/Distanzierung, Inventarisierung, situativer Ermutigung, Verbalisierung und Zielerweiterung gliedert. Diese „Strategie" wird sowohl im Gesamtverlauf einer Therapie, als auch während einzelner Sitzungen und als Selbsthilfe-Technik verwendet.

Stufe der Beobachtung und Distanzierung
Das Ziel dieser Stufe des therapeutischen Prozesses ist eine Bestandsaufnahme und Analyse der Situation des Patienten. Sie soll ihm helfen, von einer abstrakten Stufe auf eine konkrete, beschreibende zu gelangen. Der Patient legt (möglichst schriftlich) dar, über was oder wen er sich geärgert hat, wann seine Symptome zunehmen und/oder er in Konflikte mit anderen gerät. Auf dieser Stufe beginnt ein Prozess des Unterscheidenlernens. Man beginnt, den Konflikt einzukreisen und inhaltlich zu beschreiben. Durch seine Beobachterfunktion distanziert sich der Patient zunehmend von seiner eigenen Konfliktsituation, und es kommt zu einer Erweiterung der anfänglichen ‚neurotischen Einengung'. Er wird somit zum Beobachter für sich und seine Umwelt.

Stufe der Inventarisierung
In der therapeutischen Sitzung besteht hier die Aufgabe vor allem darin, die Lernvergangenheit hinsichtlich der einzelnen Aktualfähigkeiten und Medien der Konfliktverarbeitung abzuklären sowie dem Patienten Hintergründe der Konzepte und Missverständnisse durchschaubar zu machen. Die Einstellungen, die für den Patienten in der Regel unveränderbar und persönlichkeitsgebunden erscheinen, werden auf ihre lebensgeschichtlichen Voraussetzungen hin relativiert. Anhand eines Inventars der Aktualfähigkeiten (Differenzierungsanalytisches Inventar, DAI) stellen wir fest, in welchen Verhaltensbereichen der Patient und sein Konfliktpartner positive bzw. negative Eigenschaften besitzen.

Stufe der situativen Ermutigung
Um ein Vertrauensverhältnis zum Konfliktpartner aufzubauen, lernt der Patient, einzelne positiv ausgeprägte Eigenschaften des anderen zu verstärken und auf die damit korrespondierenden eigenen, kritisch ausgeprägten Eigenschaften zu achten. Anstelle der Kritisierung des Partners lernt der Patient diesen zu ermutigen, auf der Basis der Erfahrungen aus der ersten und zweiten Stufe.

Stufe der Verbalisierung
Um aus der Sprachlosigkeit oder der Sprachverzerrung des Konflikts herauszukommen, wird schrittweise die Kommunikation mit dem Partner nach festgelegten Regeln trainiert. Man spricht nun sowohl über die positiven als auch über die negativen Eigenschaften und Erlebnisse, nachdem in der dritten Stufe ein Vertrauensverhältnis aufgebaut worden ist, welches erst die offene Kommunikation ermöglicht. Hier lernt der Patient auch bestimmte Techniken und Regeln der Kommunikation, das Konzept der Familiengruppe wird vorgestellt und die Familie in die Therapie einbezogen. In der Therapie werden hier nun Familienkonzepte und unbewusste Grundkonflikte bearbeitet.

Stufe der Zielerweiterung
Diese Stufe begleitet den Patienten von Anfang an. Der Patient muss sich hier mit der Frage beschäftigen, „Was mache ich, wenn ich diese Probleme nicht mehr habe?“. Diese Stufe hat auch einen präventiven Charakter, um ‚Entlastungszustände‘ nach „erfolgreicher“ Therapie zu vermeiden. Der Patient lernt, sich von seinem Therapeuten abzulösen und neue Fähigkeiten zu entwikkeln, die er in der Vergangenheit, aus welchen Gründen auch immer, vernachlässigt hatte. Es werden Mikro- und Makroziele gemeinsam mit dem Therapeuten entwickelt.

In jeder dieser fünf Stufen können Elemente und Techniken anderer therapeutischer Methoden und Ansätze, je nach den Erfordernissen des Patienten, angewandt werden (metatheoretischer Ansatz) (siehe N. Peseschkian, 1977). Es kommen Verfahren und Techniken, wie z.B. Psychoanalyse, Verhaltenstherapie, Psychodrama, körperzentrierte Verfahren, Entspannungsübungen, Hypnose, aber auch physiotherapeutische Methoden zur Anwendung. Das therapeutische Vorgehen (und der Therapeut) passen sich somit dem Patienten an und nicht umgekehrt. Die gezielte Anwendung von Geschichten und Sprachbildern in jeder Stufe hilft dem Patienten, den Sinn und Zweck der Stufe nicht nur besser aufzunehmen, sondern ihn mit Hilfe der Geschichten im Alltag im Sinne einer Selbsthilfe zu rekapitulieren und anzuwenden. Diese Anpassungsfähigkeit und Integrationsbemühungen der Positiven Psychotherapie sind zwei weitere Kriterien, die ihre Anwendung im transkulturellen Feld ermöglichen.

Das Konfliktmodell der Positiven Psychotherapie

Die Positive Psychotherapie besitzt ein Modell, welches den Entstehungsprozess von Erkrankungen erläutert (siehe Abb. 4.).

Nach der Positiven Psychotherapie wird die Persönlichkeit und Lebenssituation des Menschen durch die Entwicklung dreier Konzepte definiert: die Liebesfähigkeit in den ‚Vier Vorbilddimensionen oder Vier Bereichen der Emotionalität‘ (Grundsituation, die zum Grundkonflikt führen kann), die Erkenntnisfähigkeit in den ‚Vier Bereichen des Balance-Modells‘ und die Aktualfähigkeiten als Sozialisationsnormen. Auf diese ‚Grundpersönlichkeit‘ trifft nun der Aktualkonflikt, der entweder aus größeren Lebensereignissen (Makrotraumen) oder kleineren alltäglich kumulierenden Ereignissen (Mikrotraumen), wie z.B. Unordnung der Kinder, Unpünktlichkeit, Sauberkeitsprobleme etc. bestehen kann. Dieses aktuelle Ereignis kann nur dann traumatisch wirken, wenn es auf einen entsprechenden vorher latenten Grundkonflikt trifft und diesen reaktiviert. Es entsteht nun der innere Konflikt, der durch zwei entgegengesetzte innere Spannungen beziehungsweise Kräfte (Aktual- und Grundkonflikt) erläutert werden kann. Der innere Konflikt äußert sich nun in psychologischen oder körperlichen Symptomen im Sinne einer Symbolisierung des zugrunde liegenden Konfliktes und stellt einen unbewussten Versuch der Selbstheilung dar. Wenn die funktionellen Störungen nicht rechtzeitig erkannt werden, kommt es zur Organmanifestation mit psychischen oder körperlichen Syndromen und Erkrankungen.

Abb. 4: Das Konfliktmodell in der Positiven Psychotherapie

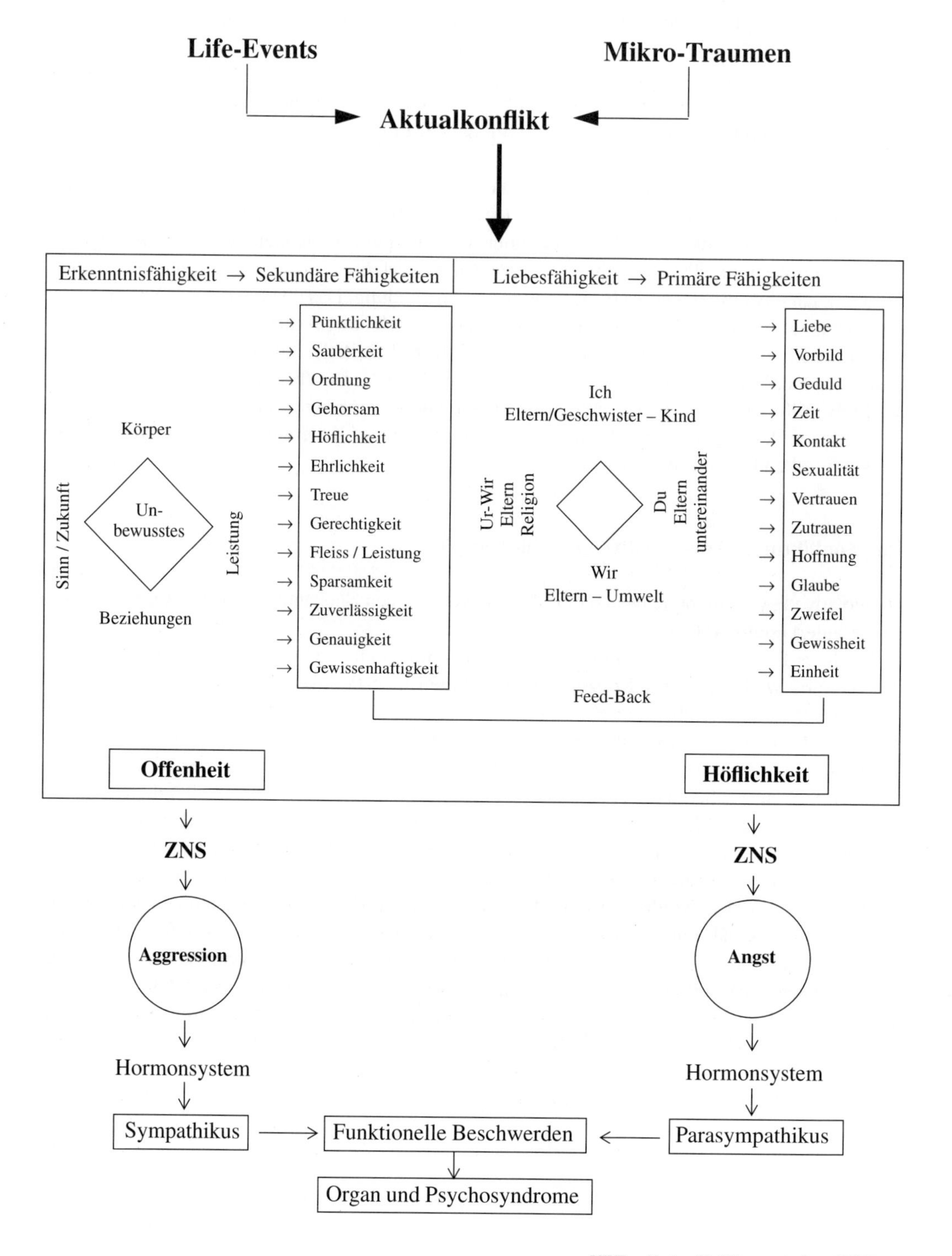

Überblick über die Anwendung der Positiven Psychotherapie in Russland in Lehre, Ausbildung, Klinik, Praxis und Forschung

Soweit bekannt, wurde die Methode der Positiven Psychotherapie erstmals im Jahre 1989 von Nossrat Peseschkian in Russland – damals noch UdSSR – vorgestellt. Erste Seminare fanden 1989 und 1990 am Bechterew-Institut in Leningrad, später auch in Moskau statt. Ein Abriss der Entwicklung der Positiven Psychotherapie in der ehemaligen UdSSR ist an anderer Stelle dargestellt worden (H. Peseschkian, 1993b), so dass hier nur ein kleiner Überblick gegeben wird. Die Positive Psychotherapie wurde von Beginn an in mehreren Bereichen gleichzeitig angewandt: in der Praxis und Klinik, in der Aus- und Weiterbildung, sowie in der wissenschaftlichen Forschung und universitären Lehre. Diese Mehrgleisigkeit führt seither zu einer ständigen Überprüfung der Theorie in der alltäglichen transkulturellen Praxis, und soll einer Einengung und einseitigen Idealisierung vorbeugen.

Anwendung in der Praxis und Klinik
Seit 1991 wurden über 23 regionale „Zentren für Positive Psychotherapie, Transkulturelle Psychiatrie und Psychosomatische Medizin" in den Republiken der früheren Sowjetunion gegründet, 18 davon in der Russischen Föderation. Diese Zentren befinden sich an Universitäten, psychiatrischen Krankenhäusern, privaten medizinischen oder psychologischen Zentren. An fast allen Zentren werden Patienten behandelt.

Von 1995-1999 leitete der Autor am Amerikanischen Medizinischen Zentrum (AMC) in Moskau eine neuropsychiatrische Abteilung, die tagtäglich ein internationales Patientengut aus circa 25 Nationen behandelt. In dieser psychotherapeutischen Praxis wird die Positive Psychotherapie im transkulturellen Bereich angewandt und muss sich ständigen Prüfungen im Hinblick auf ihre Anwendung im transkulturellen Setting ausgesetzt sehen. Seit 2000 wird diese Abteilung von einem russischen Vorstandsmitglied des International Center of Positive Psychotherapy geleitet.

Von den circa 4000 Kollegen, die an Ausbildungsseminaren über die Positive Psychotherapie teilgenommen haben sind zahlreiche in privater Praxis tätig und wenden die Methode in den Bereichen Medizin (Innere, Psychiatrie, Gynäkologie, Onkologie, Pulmonologie), Psychologie und Pädagogik (Schule, Kindergärten, Waisenhäuser) an.

Anwendung in der Aus- und Weiterbildung
Neben den Büchern führten vor allem die Seminare zur Verbreitung der Positiven Psychotherapie in Russland. Bis heute haben circa 80 einwöchige Intensivseminare über „Positive Psychotherapie, Transkulturelle Psychiatrie, Familientherapie und Psychosomatische Medizin" in circa 30 Orten Russlands und fünf weiteren ehemaligen Sowjetrepubliken stattgefunden. Diese Intensivseminare dienen zur Aus-, Weiter- und Fortbildung in der Psychotherapie im allgemeinen und in der Positiven Psychotherapie im speziellen. Vielerorts waren dies die ersten Psychotherapie-Seminare überhaupt (z.B. Tschuwaschien, Sachalin, Jakutien u.a.). Diese Seminare fanden vorwiegend an psychiatrischen Abteilungen und Lehrstühlen der Universitäten (u.a. Moskau, St. Petersburg, Kasan, Archangelsk, Jekaterinburg, Nowosibirsk, Wladiwostok, Tscheboksary, Tscheliabinsk), an Psychiatrischen Landeskrankenhäusern, medizinischen und psychologischen Zentren, diversen Rehabilitationszentren und an Pädagogischen Hochschulen (Lehrerseminare) statt. Einführungskurse fanden auch auf internationalen Psychotherapie-Wochen, wie z.B. in Krasnojarsk und

Moskau, statt und die Methode konnte auf verschiedenen nationalen und internationalen Kongressen vorgestellt werden.

Von den über 4000 Seminarteilnehmern haben circa 700 Psychiater, Ärzte und Psychologen eine 2-jährige Weiterbildung in Positiver Psychotherapie absolviert und sind nach erfolgreich abgelegter Prüfung mit einem Diplom ausgezeichnet worden. Die Seminare und die anschließende Weiterbildung bestanden, in Anlehnung an die psychotherapeutische Weiterbildung in Deutschland, aus theoretischen Vorlesungen, praktischen Übungen, Erstinterview-Seminaren, Patientenvorstellungen, Balint-Gruppen, Selbsterfahrungsgruppen, Supervisionsgruppen und schriftlichen Hausarbeiten.

Lehre, Publikationen, wissenschaftliche Forschung und Kooperationen

Publikationen

Seit 1991 konnten, trotz zahlreicher Herausforderungen, die Hauptwerke der Positiven Psychotherapie ins Russische übersetzt, gedruckt und mit einer Gesamtauflage von circa 100.000 einer breiten Öffentlichkeit zugänglich gemacht werden. Ein Buch des Autors (H. Peseschkian, 1993a), weitere Monographien (u.a. Mendelevich et al., 1992; Avdeev u. H. Peseschkian, 1993) vorwiegend russischer Kollegen, diverse Publikationen in Handbüchern und Zeitschriften (u.a. Leontiev et al., 1991; N. Peseschkian u. H. Peseschkian, 1993b) führten zu einer Erhöhung des Bekanntheitsgrades dieser Methode und zeigten ihre Anwendungsmöglichkeit in Russland und in verschiedenen Fachdisziplinen. Seit 1993 veröffentlicht die Russische Gesellschaft für Positive Psychotherapie die Fachzeitschrift ‚Positum' für Themen der Positiven Psychotherapie, der Transkulturellen Psychiatrie, Familientherapie und Psychosomatischen Medizin, die zu einer der ersten psychotherapeutischen Zeitschriften Russlands gezählt werden muss.

Lehre

Die Positive Psychotherapie ist mittlerweile im Lehrplan der medizinischen Ausbildung einiger medizinischer Hochschulen aufgenommen worden (u.a. Kasan, Archangelsk, Ivanovo) und wird an den Lehrstühlen für Psychiatrie (und Psychotherapie) den angehenden Ärzten gelehrt. Der Autor selbst lehrte ‚Positive Psychotherapie und Psychosomatische Medizin' von 1996 – 1999 am Lehrstuhl für Medizinische Psychologie und Pädagogik der Moskauer Medizinischen Setschenow-Akademie und als Gastdozent an den Hochschulen in Archangelsk, Vladivostok, Kasan und St. Petersburg.

Wissenschaftliche Untersuchungen/Forschungen

Neben zahlreichen Publikationen russischer Kollegen im In- und Ausland, sind in den letzten Jahren unter der Supervision des Autors etwa zehn Dissertationen russischer Kollegen über die Anwendung der Positiven Psychotherapie in den Fachbereichen Medizin, Psychologie und Pädagogik angefertigt worden (u.a. in St. Petersburg, Moskau, Archangelsk, Kasan, Samara, Kustanei, Omsk), weitere sind in Vorbereitung beziehungsweise stehen kurz vor dem Abschluss. Zahlreiche transkulturelle Untersuchungen wurden an den russischen Zentren für Positive Psychotherapie durchgeführt, insbesondere mit Patienten verschiedenster Nationalitäten. Auch wurden in diesem Zusammenhang mit dem Internationalen Zentrum für Positive Psychotherapie einige internationale Untersuchungen (Russland – Deutschland – Bulgarien) initiiert.

Kooperationen und Vereinbarungen

Neben der Gründung der 23 lokalen und regionalen Zentren für Positive Psychotherapie, wurden in den letzten Jahren Kontakte zu führenden Einrichtungen, wie der Russischen Akademie für ärztliche Fort- und Weiterbildung, dem Serbski Institut, der Moskauer Medizinischen Akademie Sechenov, der Moskauer Medizinischen Universität, dem Bechterew Institut, der Medizinischen Pavlow Universität in St. Petersburg und staatlichen Behörden (u.a. Russische Akademie für Bildung, Gesundheitsministerium der Republik Sacha (Jakutien)) ausgebaut, die in vielen Fällen zu Kooperationsvereinbarungen mit dem Internationalen Zentrum für Positive Psychotherapie führten.

Organisation der Positiven Psychotherapie in Russland

Das Internationale Zentrum für Positive Psychotherapie ist bestrebt, die Eigenständigkeit der diversen Zentren im Ausland zu fördern. So wurde nach der Gründung der lokalen Zentren die Errichtung einer russischen Dachgesellschaft ins Auge gefasst. Am 25.3.1993 konnte in Kasan schließlich die Russische Gesellschaft für Positive Psychotherapie gegründet werden. Es finden meist jährliche Tagungen statt (Kasan 1993, Moskau 1994 und 1996, St. Petersburg 1997, Moskau 1998) und 1997 wurde die Gesellschaft als ‚Interregionale Gesellschaft für Positive Psychotherapie‘ beim russischen Justizministerium in St. Petersburg als eine gesellschaftliche Organisation registriert. Der Hauptsitz und das Sekretariat befinden sich derzeit an der Medizinischen Pawlow Universität in St. Petersburg. Mitteilungsorgan der Gesellschaft ist die Zeitschrift ‚Positum‘, die halbjährlich in St. Petersburg erscheint.[17]

17. Nähere Informationen über die Positive Psychotherapie in Russland auch im Internet unter www.positum.ru oder www.positum.org

Kapitel 6: Schlussfolgerungen und Ausblick

Analyse der Wirksamkeit der Positiven Psychotherapie im russischen Setting und Entwicklung von Kriterien für ein russisches Psychotherapie-Modell

Basierend auf den oben beschriebenen Erfahrungen in der Anwendung der Positiven Psychotherapie in Russland sollen nachfolgend die wesentlichen Kriterien aufgezählt werden, die unseres Erachtens diese Methode innerhalb von wenigen Jahren nicht nur zu einer der populärsten, sondern auch zu einer sehr breit angewandten Richtung gemacht haben. Gleichzeitig wollen wir die Kriterien der Positiven Psychotherapie mit denen der allgemeinen Psychotherapie vergleichen.

Diese Kriterien der Wirksamkeit von Psychotherapie, auch ‚Wirkfaktoren' (Corsini u. Rosenberg, 1955), ‚Heilfaktoren' oder ‚therapeutische Faktoren' (Yalom, 1970, 1974) genannt, mögen hilfreich sein bei der konzeptionellen Beschreibung einer russischen Psychotherapie, das heißt, eines in Russland einsetzbaren Konzeptes. Die Positive Psychotherapie erfüllt nun die wesentlichen Kriterien der allgemeinen Wirksamkeit und beinhaltet darüber hinaus transkulturelle Elemente. Es sollte hier weniger um die Frage gehen, ob man in Russland westliche Psychotherapiemethoden verwenden kann. Vielmehr muss, wie bereits festgestellt, Psychotherapie, um erfolgreich zu sein (Frank, 1961, 1971), erstens, Ort, Zeit und Zeitgeist berücksichtigen, in denen sie wirken will, und zweitens, die allgemeinen Wirkfaktoren die in jeder Form von Psychotherapie mehr oder weniger stark zum Tragen kommen, umfassen. Frank (aus: Reimer, 1996) versteht hierunter „eine intensive, emotional besetzte vertrauensvolle Beziehung zwischen Hilfesuchenden und Helfer"; ein Erklärungsprinzip (Glaubenssystem, Mythos) bezüglich der Ursachen der Erkrankung und eine damit zusammenhängende Methode für ihre Beseitigung beziehungsweise Behebung; eine Problemanalyse, die dem Patienten Möglichkeiten der Bewältigung eröffnet; die Vermittlung von Hoffnung mit dem Ziel, eine Demoralisation des Patienten abzubauen; die Vermittlung von Erfolgserlebnissen, die sowohl der Hoffnung weitere Nahrung geben als auch dem Patienten zunehmende Sicherheit und Kompetenz vermitteln und die Förderung emotionalen Erlebens als Voraussetzung für eine Einstellungs- und Verhaltensänderung.

Nachfolgende Eigenschaften und Elemente der Positiven Psychotherapie sind aufgrund unserer Beobachtungen für die wirksame Arbeit mit dieser Methode essentiell:

Das positive, humanistische Menschenbild
Dieser humanistische Ansatz führt beim Einzelnen zum Vertrauen in seine innewohnenden Fähigkeiten und Möglichkeiten. Gerade in Russland, wo das Selbstwertgefühl häufig sehr niedrig ist und der Einzelne in der Gesellschaft sich unwürdig behandelt fühlt, ist dieses Menschenbild und die somit übermittelte Hoffnung von großer Bedeutung. Gleichzeitig übernimmt das therapeutische Menschenbild Vorbildcharakter für ein allgemeines Menschenbild beziehungsweise eine Ideologie, Weltanschauung, Identität, welche derzeit in Russland gesucht wird.

Die positiven Interpretationen von Erkrankungen
Dies führt von einer eher diagnose- oder symptom-orientierten Medizin zu einem symbol- und funktions-orientierten Ansatz, der auch die gesunden Anteile im Menschen berücksichtigt und bestärkt. Weiterhin lässt sich das Krankheitsmodell der Positiven Psychotherapie auf verschiedenste Krankheitsbilder und Störungen übertragen und führt zu einem neuen Verständnis in der Psycho-

somatischen Medizin. Jede Störung bekommt somit einen Sinn im sozialen Kontext des Individuums.

Ganzheitlicher Ansatz

Durch das Balance-Modell wird der Mensch in seiner Ganzheit von Körper, Verstand, Emotionen und Seele betrachtet, und diese Elemente werden in der Therapie berücksichtigt. Durch die Realisierung und Akzeptanz, insbesondere der geistigen Aspekte von Gesundheit und Krankheit, wird den geistig-spirituellen Bedürfnissen Rechnung getragen – in einem Land, in dem der Glaube an das Übersinnliche, Magisch-Spirituelle sehr weit verbreitet ist. Das Balance-Modell stellt ein Gesundheitsmodell dar und erläutert, was Gesundheit ist und wie diese im praktischen Leben ausschaut (salutogenetisches Denken).

Transkultureller Ansatz und Geschichten

Durch die Berücksichtigung kultureller Aspekte wird der Realität der multikulturellen russischen Gesellschaft Rechnung getragen. Geschichten und Spruchweisheiten waren schon immer in der russischen Kultur von besonderer Bedeutung und die Menschen haben zu ihnen hier eine positive Beziehung. Daher ist es natürlich, diese beiden Elemente – transkulturelle Sichtweise und Geschichten – in die Therapie einzubeziehen.

Der interdisziplinäre Ansatz

Aufgrund der bereits beschriebenen Offenheit anderen Gedanken gegenüber, der Experimentierfreudigkeit, dem Interesse für Neues, der Abwesenheit von psychotherapeutischen Schulen, dem holistisch-komplexen Ansatz in Bezug auf Krankheiten, ist es in Russland unkompliziert, verschiedene Methoden zu integrieren und interdisziplinäre Kliniken und Behandlungseinheiten aufzubauen. Ein monodisziplinärer Ansatz ist hier weniger wirksam.

Kurzzeit-Therapie

Aufgrund der bereits besprochenen Erwartungen an Psychotherapeut und Psychotherapie – Wunderheilung in einer Sitzung, Erfolgsgarantie, fehlendes Verständnis für therapeutische Mechanismen – kann die Positive Psychotherapie als Kurzzeitmethode erfolgreich eingesetzt werden und kommt den Erwartungen des Patienten entgegen.

Einbeziehung der Familie und des sozialen Kontextes

Der Partner und die Familie werden in jede Behandlung einbezogen, direkt oder indirekt. In kollektivistischen Gesellschaften, in denen die enge Beziehung zu Familie und Gruppen Alltagsrealität ist, erscheint dieser Ansatz effektiver als reine Einzeltherapie.

Zukunftsorientiertheit

Die Positive Psychotherapie gibt sich nicht mit einer Analyse oder Bewusstmachung der Vergangenheit zufrieden, sondern sie versucht praktische Konsequenzen für die Gegenwart und insbesondere Zukunft zu erarbeiten und umzusetzen. Gerade in Russland, wo zum einen die Hoffnung auf eine bessere Zukunft besteht, aber gleichzeitig viele Menschen Probleme mit dem Thema Zukunft haben, hat sich dieser Aspekt als besonders sinnvoll gezeigt.

Berücksichtigung der Einzigartigkeit und Individualität des Menschen
Dadurch dass die Positive Psychotherapie zum einen eine Krankheitstheorie für verschiedene Störungen hat, gleichzeitig aber die Einzigartigkeit eines jeden Patienten berücksichtigt, hat sie sich als transkulturell einsetzbar erwiesen. Die Methode soll dem Patienten dienen und nicht umgekehrt.

Der transkulturell kompetente Psychotherapeut – Eigenschaften und Menschenbild

„Die Welt hat sich verändert; sie ist nicht mehr, wie sie einmal war, und ihre neuen Probleme können deshalb nicht mehr auf der Grundlage eines Denkens angepackt werden, das uns aus vergangenen Jahrhunderten überkommen ist."
Michail Gorbatschow (1987)

Wenn die Psychotherapie der Zukunft kulturelle Aspekte vermehrt berücksichtigen muss, dann hat das zuallererst Konsequenzen für die Aus- und Weiterbildung von Psychotherapeuten. Wir benötigen kultur-sensible und transkulturell kompetente Therapeuten. Wir können im Rahmen dieser Arbeit nicht auf die möglichen Ausbildungsinhalte eines Curriculums für die Vermittlung von transkultureller Kompetenz eingehen, so dass auf einige vorliegende Arbeiten verwiesen werden muss (Berg-Cross u. Chinen, 1995; Reynolds, 1995)[18]. Es ist gefordert worden, dass „multikulturelle Kompetenz so elementar für die Therapie werden sollte, wie die Empathie oder andere grundlegende Kommunikationstechniken es bereits sind" (Reynolds, 1995). Und dass „obwohl multikulturelle Therapie eine sinnvolle Spezialisierung darstellt, es nicht mehr akzeptiert werden sollte, dass diejenigen Universitätsdozenten, die sich nicht in multikulturellen Fragen spezialisieren, ihre Verantwortung, multikulturelle Kompetenz zu entwickeln, ignorieren. Diese Fragen müssen in die Philosophie, Anforderungen und den Unterrichtsplan jedes Kurses eines jeden Therapieausbildungsprogramms in den Vereinigten Staaten integriert werden." Nur wenn eine kulturelle Sensibilität entwickelt wird, können wir das ‚Syndrom des kulturellen blinden Fleckes' (Lin, 1984) vermeiden, welches sich dann entwickelt, wenn Patient und Therapeut der gleichen Kultur oder ethnischen Gruppe angehören, aber der Therapeut darin versagt, die Kultur zu berücksichtigen. Ein Element der transkulturellen Ausbildung könnte die Präsentation von Ereignissen und Handlungsweisen in verschiedenen Kulturen sein, die unter dem Gesichtspunkt ‚Individualismus – Kollektivismus' näher betrachtet werden können. Nach amerikanischen Wissenschaftlern „... sollte es nicht länger akzeptiert werden, wenn Dozenten und Universitätslehrer ... ihre Verantwortung, multikulturelle Kompetenz zu entwickeln, ignorieren." Und weiterhin wird gefordert, dass „... multikulturelle Kompetenz so zentral für das Gebiet der Psychotherapie [Counseling] werden sollte, wie Empathie und andere grundlegende Kommunikationsfähigkeiten." (Reynolds, 1995). In der Praxis sieht die Realität leider noch anders aus: Wie eine kürzlich veröffentlichte Übersicht über transkulturelle Ausbildungsprogramme an englischsprachigen medizinischen Universitäten zeigt (Loudon et al., 1999), bietet weltweit nur ein Dutzend Hochschu-

---

18. Ein guter Überblick über die notwendigen Kompetenzen für transkulturelle Therapeuten findet sich in: Association for Multicultural Counseling and Development (1991) Cross-Cultural Counseling Competencies. In: Ponterotto J.G. et al. (eds.): Handbook of Multicultural Counseling. Sage, Thousand Oaks, California.

len ein meist nur mehrstündiges Programm an. In Deutschland bietet u.a. die Wiesbadener Akademie für Psychotherapie ein Curriculum über „Transkulturelle Psychotherapie und multikulturelle Beratung“ an (www.wiap.de).

Aus unserer Sicht sind neben den bereits erwähnten Qualitäten eines jeden kompetenten Therapeuten insbesondere das Vorhandensein eines humanistischen, positiven und dynamischen Menschenbildes zu betonen. Dieses Menschenbild bedeutet, dass nicht nur jeder Mensch von Natur aus gut ist, sondern alle Menschen und somit ihre Kulturen gleichwertig sind. Jede Kultur besitzt gute und weniger gute Eigenarten und Traditionen – die ideale Kultur gibt es nicht. Nur wenn der Therapeut bereit ist, seinen eigenen Standpunkt zu hinterfragen und somit seine eigene Kultur, nur wenn er genug distanziert und losgelöst von ihr und ihren gegenwärtigen Problemen ist, was sehr schwierig ist, da er Teil dieser Kultur ist und in ihr lebt, und bereit ist, die Relativität kultureller Werte zu sehen, nur dann wird er wohl in der Lage sein, den Patienten und dessen Kultur so anzunehmen, wie er beziehungsweise sie ist und eine ‚hilfreiche Beziehung‘ aufzubauen. Solange wir nicht aufhören von ‚unserer‘ und ‚Eurer‘ Kultur zu sprechen, solange werden wir nicht nur dem Patienten nicht angemessen gerecht werden können, sondern auch uns selbst in der therapeutischen Beziehung nicht authentisch fühlen und viel Energie aufwenden müssen, um mit dem inneren Konflikt, der durch den Aufprall verschiedener Kulturen entstanden ist, umzugehen. Bildlich gesprochen geht es darum, die Gläser unserer ‚Kulturbrille‘ (Ichheiser, 1970) immer wieder auf ihre Schärfe hin zu kontrollieren und zu überprüfen, ob wir auch die richtige „Brille“ tragen.

Weitere Qualitäten für einen transkulturell kompetenten Therapeuten sind unseres Erachtens Offenheit für alles Neue und Unbekannte, Humor, Flexibilität, Optimismus und eine zeitgemäße religiös-geistige Weltanschauung. Es sei angemerkt, dass die amerikanische Forschungsgruppe „DSM-IV und Kultur“ vor kurzem gefordert hat, dass „ein ernsthaftes Interesse an der Kultur des Patienten bedeutet, ein anspruchsvolleres und sensibleres Engagement in Bezug auf religiöse Werte als es Psychiater im allgemeinen aufzeigen.“ (Kleinmann, 1996). Diese moralisch-ethischen Werte sollten ebenso in der Ausbildung berücksichtigt und gelehrt werden, wie therapeutische Techniken und Theorien. Ohne Weltanschauung besteht die konkrete Gefahr, dass die Psychotherapie zur Ideologie oder Ersatzreligion wird, mit allen Folgen.

Zusammenfassung der wichtigsten Thesen und Schlussfolgerungen

- Die heutige russische Gesellschaft kann mit Hilfe der beiden *Konstrukte ‚Individualismus‘ und ‚Kollektivismus‘* als eine ‚enge‘ Gesellschaft beschrieben werden. In ihr existieren ein ‚horizontaler Kollektivismus‘ zwischen den Menschen und ein ‚vertikaler Kollektivismus‘ zwischen der Führung und den Menschen. Diese Konstrukte befinden sich derzeit in einem Wandlungsprozess, hin zu einer zunehmend individualistischen Gesellschaft. Die hier dargestellt psychologische Beschreibung der russischen Gesellschaft aus der Sicht der Konstrukte Individualismus und Kollektivismus, ist eine notwendige theoretisch-wissenschaftliche Grundlage für die Weiterentwicklung der russischen und Transkulturellen Psychotherapie. Dies ist besonders wichtig, da die beiden erwähnten Konstrukte international als eine der Hauptthemen der transkulturellen Psychologie angesehen werden.
- Die *russische Gesellschaft* besitzt aus psychotherapeutischer Sicht westlich-europäische, östlich-asiatische, sowjetische und russische Elemente. Im Balance-Modell der Positiven Psychotherapie sind in Russland vor allem die beiden Sphären ‚Leistung‘ und ‚Kontakte/

Beziehungen' ausgeprägt. Diese Kombination ist recht einzigartig und unterstreicht die einzigartige Position von Russland zwischen ‚Ost' und ‚West' – geographisch, wie auch psychologisch. Die russische Gesellschaft steht somit für eine eigenständige Entität, was zu einer Erweiterung der bisherige Ost-West-Konzepte führen muss, die ansonsten den Eigenarten einer Gesellschaft – hier der russischen – nicht gerecht werden.

- Die *russische Psychotherapie* und ihre Psychotherapeuten wenden – bewusst oder unbewusst – viele Kriterien an, die eine Psychotherapie erst wirksam machen. Hierzu zählen u.a. die Anwendung von magischen und mystischen Elementen; das autoritäre Auftreten des Therapeuten; die Verwendung von nicht-traditionellen Techniken; die überzeugende Macht des Arztes, das Aufgeben der traditionellen Arztrolle und der Annahme der Rolle eines Heilers; für den Patienten verständliche Erklärungen über die Krankheitsentstehung und -ursache; der Gebrauch von Suggestion und suggestiven Faktoren; die Anwendung des Gruppenzwangs (-druckes) durch die Einbeziehung von Familienmitgliedern, zum Beispiel in der Therapie der Alkoholsucht (kollektiver Heilungsdruck); die Anwendung von kreativen Elementen; der Glaube des Patienten an seinen Heiler und sein Vertrauen, dass „alles gut werden wird", was nichts anderes bedeutet, als dass eine Heilung oder Behandlung möglich ist.
- Die *Einstellung des „typischen russischen Patienten"* kann mit Merkmalen beschrieben werden, die sowohl förderlich als auch erschwerend für den therapeutischen Prozess sind. *Förderlich* sind die Akzeptanz von Schwierigkeiten im Leben, die Offenheit für neue und nicht-traditionelle Ansätze, der Glaube an übersinnliche Kräfte, das Vorhandensein eines multikulturellen Verständnisses, der geistig-spirituelle Durst und die Wichtigkeit des Familienlebens. *Erschwerend* sind das passive Rollenverhalten des Patienten, die Erwartung einer Wunderheilung in der ersten Sitzung, das Verlangen einer Garantie für den Therapieerfolg, die „sowjetische" Erfahrung im Hinblick auf menschliche Beziehungen, Psychiatrie und Psychiater; der Mangel an emotionaler Empathie, das Fehlen einer psychotherapeutischen Kultur in der Gesellschaft, und der Mangel an Verständnis und Wissen über die Funktionsweise von Psychotherapie.
- Die *Einstellung des „typischen russischen Psychotherapeuten"* kann ebenfalls mit förderlichen als auch erschwerenden Merkmalen beschrieben werden. *Förderlich* für die therapeutische Beziehung sind die allgemeine altruistische Einstellung, die Offenheit für neue Techniken und Ansätze, das Verwenden von supportiver Psychotherapie, das Verständnis für menschliches Leid(en), die nicht-primäre Bedeutung der Bezahlung, und die Kreativität und Improvisationsfähigkeit des Psychotherapeuten. *Erschwerend* sind die Schwierigkeit formale und emotionale Grenzen zu setzen, die Vermischung verschiedener Ansätze und Methoden, das Fehlen einer umfassenden psychotherapeutischen Weiterbildung, vor allem in der Selbsterfahrung; der Mangel an psychodynamischen Kenntnissen, der äußere (gesellschaftliche) Erwartungsdruck in Bezug auf den Therapieerfolg, und die ständige Konkurrenz mit Heilern und Scharlatanen.
- Die *psychotherapeutische Beziehung in Russland* kann grob wie folgt charakterisiert werden: sie findet normalerweise im Setting der Einzeltherapie statt; nur wenig Zeit wird für die Besprechung von formalen Grenzen verwendet; persönliche Beziehung außerhalb der Psychotherapie sind nicht nur möglich, sondern werden ermutigt; die Frage der Bezahlung wird häufig nicht geklärt und bringt zusätzlichen Druck in die Beziehung; Schuldgefühle und ein schwaches Selbstwertgefühl sind oft zentrale Themen der Therapie; die Notwendigkeit einer Kurzzeittherapie bis maximal zehn Sitzungen; der Druck von Vorgesetzten des Therapeuten.

- Die *psychotherapeutische Aus- und Weiterbildung in Russland* befindet sich in der zweiten Stufe ihrer Entwicklung. Sie muss weiter formalisiert werden; die Berufsbezeichnung „Psychotherapeut" ist noch nicht gesetzlich geschützt und wird von Heilern missbraucht; es gibt nur einige wenige Institute, die eine seriöse und umfassende Ausbildung über mehrere Jahre anbieten; eine Überbetonung von Theorie und Techniken auf Kosten von Selbsterfahrung und Supervision.
- Die Positive Psychotherapie unterscheidet sich von anderen Methoden im wesentlichen durch ihr neues *Menschenbild,* welches sich auszeichnet durch: 1) seine Orientierung an den Fähigkeiten und Ressourcen des Menschen; 2) die positiven Interpretationen von Störungen und Erkrankungen, im Sinne menschlicher Fähigkeiten; 3) einen humanistischen und humanen Ansatz und Weg zum Menschen; 4) eine ganzheitliche Betrachtungsweise des Menschen als Einheit von Körper, Verstand, Emotionen und Seele; 5) durch ihre Zukunftsorientiertheit.
- Die Methode zeichnet sich aus durch eine *breite Einsetzbarkeit* bei der Behandlung von psychosomatischen und neurotischen Störungen, bei Angst und depressiven Zuständen, bei Persönlichkeitsstörungen, posttraumatischen Stresssituationen und Anpassungs-störungen.
- Die Positive Psychotherapie stellt nicht nur eine neue, eigenständige Methode dar, sondern sie bietet ein *Rahmenmodell* an, in welchem Elemente und Techniken anderer psychotherapeutischer Methoden – je nach Patient und Störung – angewandt werden können (interdisziplinärer Ansatz). In Russland werden vorwiegend folgende Methoden mit der Positiven Psychotherapie kombiniert: Neurolinguistische Programmierung, Psychodrama, Gestalttherapie, Verhaltenstherapie, Hypnose nach M. Erikson, Autogenes Training und Rationale Therapie. In Deutschland vorwiegend Verhaltenstherapie, Autogenes Training, Hypnose, Gestalttherapie, Psychodrama und die progressive Muskelrelaxation nach Jacobsen.
- Neben der *Hauptindikation* der Positiven Psychotherapie als therapeutisch-klinische Behandlungsmethode, ist sie vor allem auch in der Beratung, Erziehung und Vorbeugung (pädagogisch-präventiver Ansatz der Positiven Psychotherapie) einsetzbar. Besondere Schwerpunkte sind (1) die Bearbeitung von Tod und Verlusten, (2) die psychodynamisch-orientierte Stresstherapie auf Grundlage der Positiven Psychotherapie, (3) die Bearbeitung von belastenden Lebensereignissen und psychologischen Traumata; (4) die Partnerwahl und Ehevorbereitung; (5) das Positive Psychodrama (PPD); (6) die Anwendung in der psychosomatischen Medizin. Hierdurch ergibt sich eine breite Anwendungsmöglichkeit für Ärzte, Psychologen und Pädagogen.
- Die Berücksichtigung kultureller Faktoren und Einzigartigkeiten in jeder Behandlung führt zu einer weiten Einsetzbarkeit der Positiven Psychotherapie einerseits, und zu einer effektiven Anwendung in Übergangsgesellschaften und multikulturellen Gesellschaften andererseits (transkultureller Ansatz). Die Positive Psychotherapie hat sich in Russland und in über 60 Ländern als wirksam erwiesen und kann als eine *transkulturelle Psychotherapiemethode* betrachtet werden. Die Prinzipien der Positiven Psychotherapie dienen somit als Grundlage für die Definition und Erarbeitung der neuen wissenschaftlichen Richtung der Transkulturellen Psychotherapie. Dies ist besonders wichtig für die Inhalte der psychotherapeutischen Aus- und Weiterbildung und bei der Anerkennung und Zulassung neuer psychotherapeutischer Verfahren.

Ausblick

Am Schluss dieser Arbeit möchte ich thesenhaft einige Gedanken aufführen und dem Leser mitgeben:

- Jeder in Russland ernsthaft praktizierende Psychotherapeut ist nicht nur ein Pionier, sondern in der Tat ein Held. Wenn Sigmund Freud zu seiner Zeit das Analysieren als einen der drei unmöglichen Berufe bezeichnet hat, und wir uns die gegenwärtige Umbruchsituation in der russischen Gesellschaft und den geschichtlichen Hintergrund vor Augen führen, dann verstehen wir die besondere Herausforderung für jeden ernsthaften, sich aufrecht bemühenden Therapeuten in Russland.
- Psychotherapie in einer multikulturellen Gesellschaft muss transkulturell sein. Russland hat bereits eine multikulturelle Gesellschaft und global ist diese Tendenz ebenso zu beobachten. Dies bedeutet, dass die Psychotherapie des 21. Jahrhunderts transkulturell sein muss und sicherlich sein wird. Wir können zu der Schlussfolgerung kommen, dass klinische Psychotherapie immer kulturelle Psychotherapie darstellt.
- Transkulturelle Psychotherapie und transkulturelle Psychiatrie müssen in den universitären Ausbildungslehrplan für angehende Ärzte, Psychiater und Psychologen als feste Bestandteile integriert werden. Neben der Abhaltung von Vorlesungen und Seminaren sollten Lehrstühle für transkulturelle Psychotherapie an Universitäten und Hochschulen eingerichtet werden. Russland kann hierbei eine Vorreiterrolle übernehmen, da aufgrund der breiten Entwicklung des Bildungswesens einerseits und der multikulturellen Gesellschaft andererseits, gute Ausgangsmöglichkeiten aber auch Notwendigkeiten für die Einrichtung solcher Lehrstühle bestehen.
- Psychotherapeuten haben immer eine gesellschaftliche Verantwortung, wie viel mehr in einer sich im Umbruch befindenden Gesellschaft, die sich auf der Suche nach einer neuen Identität und einem neuen Menschenbild befindet. Methoden, wie die Positive Psychotherapie, können einen großen Beitrag hierzu leisten, in dem sie neben eines wissenschaftlichen Systems auch ein Menschenbild für den Einzelnen und die Gesellschaft vermitteln und somit einen Beitrag zur Linderung der sozialen Probleme leisten.
- Die Psychotherapeuten Russlands können (und müssen) einen großen Beitrag zur Weltpsychotherapie leisten. Die bereits beschriebene vielseitige ‚russische Erfahrung' ist unverzichtbar für die Psychotherapie, da sie zum Teil völlig neue Gesichtspunkte, Elemente und Erfahrungen mitbringt.
- Die Lizenzierung und Zulassung psychotherapeutischer Methoden im In- und Ausland sollten von der jeweiligen Einsetzbarkeit abhängig gemacht werden. Grundlage für die Überprüfung der Einsetzbarkeit und Wirksamkeit könnten u.a. folgende drei Punkte darstellen: 1) Erfüllt die Methode die allgemeinen Kriterien für Psychotherapie? 2) Welches Menschenbild besitzt die Methode und ist es förderlich und zeitgemäß für das Wohl des Patienten? 3) Berücksichtigt die Methode kulturelle Besonderheiten von Menschen?

* * * * * * *

Diese Gedanken über die „russische Seele“ und Psychotherapie möchte ich mit einem Dichterspruch abschließen, der mich während meiner „russischen“ Jahre ständig begleitet hat und mir unzählige Male von russischen Kollegen und Freunden vorgetragen wurde – vor allem immer dann, wenn ich wieder einmal sprachlos vor dem Phänomen transkultureller Herausforderungen stand:

„Verstand wird Russland nie verstehn,
Kein Maßstab sein Geheimnis rauben;
So wie es ist, so lasst es gehen –
An Russland kann man nichts als glauben.“

Fjodor Tjuttschew, 1866
(zit. in: Krone-Schmalz, 1996)

Statistische Erhebung in der Anwendung der Positiven Psychotherapie im transkulturellen Vergleich (Russland – Deutschland)

Im Jahre 1997 wurde eine statistische Untersuchung über die Anwendung der Positiven Psychotherapie (PPT) in Russland in den Städten Moskau, St. Petersburg, Perm, Omsk, Vladivostok und Krasnodar durchgeführt. Russische Psychotherapeuten (n=55), die meist eine mehrjährige Erfahrung mit der Positiven Psychotherapie haben, wurden bezüglich ihrer Einstellung zur Wirksamkeit dieser Methode, zum Einfluss auf das eigene Leben, den eigenen Beruf und auf die therapeutische Beziehung hin untersucht. Als Vergleichsgruppe diente eine Gruppe (n=60) von deutschen Psychotherapeuten. Der vom Autor entworfene Fragebogen bestand aus 54 Fragen und wurde den Teilnehmern während eines Seminars zum Ausfüllen gegeben. Ziel war es, den Beobachtungen auf Seminaren quantitative Ergebnisse gegenüber zu stellen und diese miteinander zu vergleichen. Die statistischen Berechnungen wurden zunächst mit einer speziellen Software zur statistischen Datenanalyse, dem Programmpaket ‚SSPS 7.5 for Windows' durchgeführt. Die Auswertung erfolgte unter der Aufsicht von Dr. Karin Tritt an der Universität Erlangen-Nürnberg. Bei intervallskalierten Daten wurden t-Tests zur statistischen Prüfung der Unterschiede gerechnet, andere Skalenniveaus wurden mit Hilfe von c2-Tests geprüft. Die (asymptotische) Signifikanz wurde mit dem Chi-Quadrat-Test nach Pearson geprüft. Das Signifikanzniveau wurde bei 1% (p=<0,01) festgelegt, wobei Tendenzen bis zu 5% (p=<0,05) hier auch dargestellt werden. Signifikanzen von p<0,05 werden mit * und Signifikanzen von p<0,01 mit ** dargestellt. Die jeweiligen Items wurden gegen die Nationalität getestet. Zur Interpretation: jedes Mal, wenn der p-Wert beim Signifikanztest <0,05 beziehungsweise 0,01 ist, darf man es als Unterschied bewerten. Bei allen anderen Variablen kann kein Unterschied nachgewiesen werden. Diese werden mit ‚keine' (nicht signifikant) dargestellt.

Anmerkung: Man glaubt es kaum, aber auch die ‚nüchterne' Statistik unterliegt transkulturellen Bedingungen. So wurde die o.a. statistische Berechnung für die Habilitationsarbeit als „nicht in Russland üblich" bezeichnet und musste erneut mit dem Fisher-Yates-Test[19] durchgeführt werden. Dies ging deutlich rascher (und kostengünstiger!) vor sich. Die nachfolgenden Ergebnisse sind hiermit berechnet und auch für die deutsche Auflage so belassen worden.

Uns ging es in diesem Zusammenhang um folgende Fragestellungen: Ist die Methode der Positiven Psychotherapie in verschiedenen Kulturen gleich oder ähnlich anwendbar? Gibt es spezifische Unterschiede zwischen russischen und deutschen Psychotherapeuten, wenn die Positive Psychotherapie verwendet wird? Es wurden jeweils die beiden Kulturen gegeneinander auf signifikante Unterschiede hin untersucht.

Die jeweilige Signifikanz bezieht sich auf die gesamte Frage und nicht nur auf eine Antwortmöglichkeit, wie zum Beispiel, immer, häufig, selten oder gar nicht. D.h. es wurden jeweils alle Unterkategorien einer Frage miteinander verglichen und die resultierende Signifikanz (Summe) zeigt den Unterschied zwischen beiden Kulturen an. In allen Tabellen sind nur Signifikanzen (p<0,05) angegeben worden.

---

19. Beim Fisher-Yates-Test handelt es sich um ein nichtparametrisches statistisches Verfahren zur Prüfung der Wahrscheinlichkeit des Auftretens einer beobachteten (und aller extremeren) Vierfelder-Häufigkeitsverteilungen. Der F.Y.T. kann im Gegensatz zum Vierfelder-chi-Quadrat-Test auch dann angewendet werden, wenn die Erwartungswerte in einzelnen Zellen < 5 sind (aus: Dorsch et al., 1982).

Von den 54 Fragen sind folgende ausgewählt worden, die die wesentlichen Ergebnisse enthalten. Die wesentlichen Ergebnisse sind in den nachfolgenden Tabellen dargestellt worden.

***Tabelle 1:* Soziodemographische Daten der Seminarteilnehmer**

	Russland (n=55)	**Deutschland (n=60)**	**Signifikanz (p)**
Alter (Durchschnitt)	39	42	
Geschlecht	50 Frauen (91%) 5 Männer (9%)	36 Frauen (60%) 24 Männer (40%)	$p < 0{,}05$ $p < 0{,}05$
Berufliche Ausbildung – Medizin – Psychologie – sonstige	 20 (36%) 30 (55%) 5 (9%)	 49 (82%) 6 (10%) 5 (8%)	 $p < 0{,}05$ $p < 0{,}05$ keine
Spezialisierung – Psychologischer Psychotherapeut und/oder Kinder- und Jugendlichen-psychotherapeut – Psychiater und Psychotherapeut – Ärzte (außer Psychiater) – ärztliche Psychotherapeuten – sonstige	 26 (47%) 14 (25%) 0 6 (11%) 9 (17%)	 0 7 (12%) 33 (55%) 14 (23%) 6 (10%)	 $p < 0{,}05$ $p < 0{,}05$ $p < 0{,}05$ keine keine
Hauptsächlich als Therapeut derzeit tätig – ja – nein – teilweise	(n=54) 15 (28%) 4 (7%) 35 (65%)	(n=59) 18 (31%) 19 (32%) 22 (37%)	 keine $p < 0{,}05$ $p < 0{,}05$
Anwendung der PPT in eigener Arbeit (Dauer) – < 1 Jahr – 1-3 Jahre – 3-5 Jahre – >5 Jahre	n=54 14 (26%) 35 (65%) 2 (4%) 3 (5%)	n=56 11 (20%) 16 (29%) 24 (43%) 5 (8%)	 $p < 0{,}05$ $p < 0{,}05$ $p < 0{,}05$ keine

Diskussion und Interpretation der Ergebnisse der Tabelle 1:
Untersucht wurden auf russischer Seite vorwiegend Frauen, die als Psychologen tätig sind. Von den deutschen Befragten ist die große Mehrheit ärztlich tätig, entweder in der Klinik oder in der eigenen Praxis. Dies bedeutet, dass viele Ergebnisse durch diesen Faktor wesentlich beeinflusst worden sind. Für in anderen Bereichen tätige Psychotherapeuten wären andere Ergebnisse zu erwarten. Da die Mehrheit beider Gruppen bereits Erfahrung in der Anwendung der Positiven Psychotherapie besitzt, kann davon ausgegangen werden, dass es bereits zu einer Einstellungsände-

rung beziehungsweise Persönlichkeitserweiterung durch die Methode gekommen ist. Dies mag ein Grund sein, weshalb viele der nachfolgenden Daten eine Ähnlichkeit zwischen beiden Kulturen aufweisen, die so normalerweise nicht zu finden ist. Da sich nicht nur Patienten, sondern auch Behandler während der Therapie verändern, ist von einem derartigen Effekt auszugehen (Selbsthilfeaspekt der Positiven Psychotherapie).

***Tabelle 2:* Erfahrung mit der Positiven Psychotherapie**

Wenden Sie die Positive Psychotherapie in Ihrer Arbeit an?	**immer**	**oft**	**manchmal**	**nie**
Russische Psychotherapeuten	19 (35%)	26 (47%)	10 (18%)	0 (0%)
Deutsche Psychotherapeuten	23 (39%)	18 (30%)	15 (25%)	4 (6%)
Signifikanz (p)	keine	p < 0,05	keine	p < 0,05

Mit welcher psychotherapeutischen Methode arbeiten Sie vorwiegend (Hauptmethode)?	**PPT**	**andere**
Russische Psychotherapeuten	42 (81%)	10 (19%)
Deutsche Psychotherapeuten	35 (74%)	13 (26%)
Signifikanz (p)	keine	keine

Selbstbeurteilung als Psychotherapeut	**1-10 (10=max.)**
Russische Psychotherapeuten	6,5 (Durchschnitt)
Deutsche Psychotherapeuten	6,5 (Durchschnitt)

Wie effektiv ist die Positive Psychotherapie Ihrer Erfahrung nach?	**max. 100%**
Russische Psychotherapeuten	77% (Durchschnitt)
Deutsche Psychotherapeuten	79% (Durchschnitt)

Ist die PPT eine für Ihr Land effektive und geeignete Methode? (1-5, 5 = ideale Methode)	**5**	**4**	**3**	**2**	**1**
Russische Psychotherapeuten	3 (6%)	33 (61%)	18 (33%)	0	0
Deutsche Psychotherapeuten	12 (20%)	43 (72%)	5 (8%)	0	0
Signifikanz (p)	p<0,05	keine	p<0,05	keine	keine

Eigene Identifikation mit der PPT (5 = max. Identifikation)	**5**	**4**	**3**	**2**	**1**	**0**
Russische Psychotherapeuten	7 (13%)	21 (38%)	19 (35%)	5 (9%)	3 (6%)	0
Deutsche Psychotherapeuten	18 (30%)	27 (45%)	10 (17%)	3 (5%)	2 (3%)	0
Signifikanz (p)	p<0,05	keine	p<0,05	keine	keine	keine

Welche Elemente/Techniken der PPT verwenden Sie vorwiegend und sind für Sie am effektivsten (mehrfache Antworten möglich)	**Russland**	**Deutschland**	
Geschichten/Märchen	51 (93%)	39 (68%)	p<0,05
Balance-Modell (Vier Bereiche)	50 (91%)	48 (84%)	p<0,05
positive Interpretationen	39 (71%)	48 (84%)	p<0,05
transkulturelle Beispiele	18 (33%)	23 (40%)	keine
Grundkonflikt-Modell	32 (58%)	22 (39%)	p<0,05
Makrotraumen (Lebensereignisse)	33 (60%)	47 (82%)	p<0,05
Mikrotraumen (Aktualfähigkeiten, DAI)	25 (45%)	43 (75%)	p<0,05
5 Stufen-Modell	20 (36%)	30 (53%)	p<0,05
Konfliktmodell	26 (47%)	22 (39%)	p<0,05

Diskussion und Interpretation der Tabelle 2:
Für mehr als 4/5 aller Befragten ist die Positive Psychotherapie die Hauptmethode bei der eigenen Arbeit. Weitere Verfahren und Methoden sind auf russischer Seite Neurolinguistische Programmierung, Psychodrama, Gestalttherapie, Verhaltenstherapie, Hypnose nach Erikson, Autogenes Training und die sogenannte rationale Therapie. Auf deutscher Seite wurden die Verhaltenstherapie, das Autogene Training, Hypnose, Gestalttherapie, Psychodrama und die progressive Muskelentspannung nach Jacobsen genannt. Dass Elemente anderer Methoden verwendet werden, unterstreicht den integrativen, interdisziplinären Ansatz der Positiven Psychotherapie.

Die Selbstbeurteilung ist – überraschenderweise – mit 6-7 identisch, ebenso wird die Methode mit knapp 80% von beiden Gruppen als sehr effektiv angesehen. Sie wird als geeignet für die jeweilige Kultur angesehen; die persönliche Identifikation überwiegt in Deutschland. Vielleicht hat das mit dem dort verbreiteten Schulen-Denken in der Psychotherapie zu tun, während man sich in Russland nicht für eine bestimmte Richtung entscheiden möchte. Normalerweise ist das Selbstvertrauen in Russland recht gering; dass die Selbstbeurteilung als Psychotherapeut recht hoch ausfällt, könnte ein Zeichen dafür sein, dass es durch die eigene Beschäftigung mit der Positiven Psychotherapie nicht nur zu einer Zunahme des Selbstwertes und des Selbstbewusstseins kommt, sondern aufgrund der Verständlichkeit der Methode auch zu einer zunehmenden Selbstsicherheit im Umgang mit Patienten.

In Russland werden am häufigsten die Elemente Geschichten, positive Interpretationen von Krankheiten und das Balance-Modell verwendet. In Deutschland noch zusätzlich die Makro- und Mikrotraumen. Vielleicht ist hierbei die unterschiedliche Dauer der Therapie ein Grund und die Tendenz zum eher rationalen Denken in Deutschland. Dies zeigt, dass vor allem in Russland nicht die gesamte Methode der Positiven Psychotherapie angewendet wird, sondern meist einzelne Elemente und Techniken.

***Tabelle 3:* Therapeutische Beziehung**

Wer ist Ihres Erachtens schuldig, wenn die Therapie nicht erfolgreich verlief?	**Therapeut**	**Patient**	**beide**	**Sonstige Faktoren**
Russische Psychotherapeuten	26 (51%)	11 (21%)	12 (23%)	2 (5%)
Deutsche Psychotherapeuten	22 (44%)	2 (4%)	24 (48%)	2 (4%)
Signifikanz (p)	keine	$p < 0{,}05$	$p < 0{,}05$	keine

Geben Sie Patienten Hausaufgaben auf?	**immer**	**oft**	**manchmal**	**selten**	**gar nicht**
Russische Psychotherapeuten	13 (24%)	19 (35%)	16 (31%)	5 (9%)	1 (1%)
Deutsche Psychotherapeuten	17 (31%)	14 (25%)	15 (27%)	6 (12%)	3 (5%)
Signifikanz (p)	keine	keine	keine	keine	keine

Spüren Sie den Druck vom Patienten, eine Wunderbehandlung durchführen zu müssen?	**immer**	**oft**	**manchmal**	**selten**	**gar nicht**
Russische Psychotherapeuten	4 (7%)	25 (45%)	19 (35%)	6 (11%)	1 (2%)
Deutsche Psychotherapeuten	0	20 (37%)	25 (46%)	7 (13%)	2 (4%)
Signifikanz (p)	$p < 0{,}05$	keine	keine	keine	keine

Würden Sie einen Patienten unterbrechen, weil die Zeit abgelaufen ist?	**immer**	**oft**	**manchmal**	**selten**	**gar nicht**
Russische Psychotherapeuten	1 (1%)	12 (22%)	18 (33%)	18 (33%)	6 (11%)
Deutsche Psychotherapeuten	1 (2%)	14 (26%)	21 (39%)	13 (24%)	5 (9%)
Signifikanz (p)	keine	keine	keine	keine	keine

Fordern Ihre Patienten eine Garantie für den Therapie-Erfolg?	immer	oft	manchmal	selten	gar nicht
Russische Psychotherapeuten	3 (5%)	13 (24%)	18 (33%)	14 (25%)	7 (13%)
Deutsche Psychotherapeuten	0	6 (12%)	7 (14%)	24 (48%)	13 (26%)
Signifikanz (p)	p < 0,05	keine	p < 0,05	p < 0,05	keine

Schreiben Ihre Patienten zu Hause etwas auf?	immer	oft	manchmal	selten	gar nicht
Russische Psychotherapeuten	6 (11%)	21 (38%)	15 (27%)	11 (20%)	2 (4%)
Deutsche Psychotherapeuten	15 (29%)	16 (31%)	13 (25%)	6 (11%)	2 (4%)
Signifikanz (p)	p < 0,05	keine	keine	keine	keine

Erwarten Ihre Patienten von Ihnen Ratschläge?	immer	oft	manchmal	selten	gar nicht
Russische Psychotherapeuten	12 (22%)	32 (58%)	9 (16%)	2 (4%)	0
Deutsche Psychotherapeuten	10 (20%)	28 (55%)	12 (23%)	1 (2%)	0
Signifikanz (p)	keine	keine	keine	keine	keine

Dauer der Einzelsitzungen (im Durchschnitt)	<30 min	45 min	60 min	90 min	120 min	>120 min
Russische Psychotherapeuten	1 (1%)	15 (28%)	32 (60%)	1 (2%)	5 (9%)	0
Deutsche Psychotherapeuten	8 (16%)	20 (40%)	20 (40%)	2 (4%)	0	0
Signifikanz (p)	p < 0,05	keine	p < 0,05	keine	p < 0,05	keine

Gesamte Therapiedauer in Sitzungen (im Durchschnitt)	1	2-4	5-10	11-20	21-30	>30 Sitzungen
Russische Psychotherapeuten	2 (4%)	22 (41%)	23 (43%)	7 (12%)	0	0
Deutsche Psychotherapeuten	0	7 (14%)	10 (21%)	18 (38%)	12 (25%)	1 (2%)
Signifikanz (p)	p < 0,05	p < 0,05	p < 0,05	p < 0,05	p < 0,05	keine

Dauer der längsten Einzelsitzung	**<1,5 h**	**1,5 h**	**2 h**	**2,5 h**	**3 h**	**>3 h**
Russische Psychotherapeuten	2 (4%)	10 (18%)	12 (22%)	9 (16%)	10 (18%)	12 (22%)
Deutsche Psychotherapeuten	11 (26%)	12 (28%)	12 (28%)	3 (7%)	3 (7%)	2 (4%)
Signifikanz (p)	p < 0,05	keine	keine	keine	keine	p < 0,05

Sitzungsfrequenz (im Durchschnitt)	**2-3x/Wo.**	**1x/Wo.**	**2x/Mo.**	**1x/Mo.**	**seltener**
Russische Psychotherapeuten	13 (24%)	30 (56%)	8 (17%)	0	2 (3%)
Deutsche Psychotherapeuten	5 (10%)	36 (73%)	6 (12%)	1 (2,5%)	1 (2,5%)
Signifikanz (p)	keine	keine	keine	keine	keine

Anteil Ihrer Patienten, die nur zu einer einzigen Sitzung kommen? (Wahrscheinlichkeit des Abbruchs in % aller Patienten, die nur einmal kommen und dann abbrechen)	**0-10%**	**11-20%**	**21-30%**	**31-40%**	**>40%**
Russische Psychotherapeuten	25 (49%)	8 (16%)	5 (10%)	6 (12%)	7 (13%)
Deutsche Psychotherapeuten	36 (82%)	4 (9%)	1 (2%)	0	3 (7%)
Signifikanz (p)	p < 0,05	keine	keine	p < 0,05	keine

Diskussion und Interpretation der Tabelle 3:

Hier geht es vorwiegend um die Therapeut-Patient-Beziehung und um die Fähigkeit des Therapeuten, Grenzen zu ziehen. Hausaufgaben werden von beiden Gruppen den Patienten häufig gegeben, deutsche Patienten schreiben zu Hause eher etwas auf als russische. Auch hier kann von einer Veränderung der Einstellung des Therapeuten ausgegangen werden. Russische Therapeuten beschreiben ihre Patienten normalerweise als passiv und unkooperativ, was Hausaufgaben angeht. Dass hier nun russische Therapeuten berichten, ihre Patienten seien aktiver geworden, unterstützt die Hypothese, dass die Aktivität des Patienten zum großen Teil von der Einstellung des Therapeuten abhängt.

Bei vorzeitigem Therapieabbruch oder Misserfolg suchen russische Spezialisten die Ursache entweder bei sich (51%), was für ein niedriges Selbstwertgefühl sprechen könnte; oder beim Patienten (21%). Hier zeigt sich die Tendenz immer einen Schuldigen zu suchen. Deutsche Psychotherapeuten hingegen gehen zur Hälfte (48%) von einer gemeinsamen Schuld im Sinne der Teamarbeit aus.

Von beiden Gruppen wird ein Erwartungsdruck bezüglich einer Wunderheilung und konkreten Ratschlägen angegeben. In Russland ist die Frage nach der Erfolgsgarantie weiter verbreitet als in Deutschland. Beide Gruppen haben Schwierigkeiten mit Patienten, die die Zeit überziehen, aber deutsche Therapeuten scheinen sich besser abgrenzen zu können. Ein Drittel der russischen Therapeuten hat bereits mehrstündige Sitzungen (circa 3 Stunden) gehabt. Die Dauer der durchschnittlichen Sitzung liegt bei 45-60 Minuten. Der Grund, weshalb deutsche Therapeuten auch weniger als 30 Minuten arbeiten, mag in der Definition der Kurztherapie liegen, die von den deutschen Krankenkassen auf 25 Minuten festgelegt worden ist.

Die Therapiedauer unterscheidet sich erwartungsgemäß deutlich. In 88% der Fälle in Russland dauert die Therapie maximal 10 Sitzungen. In Deutschland werden für 63% 11-30 Sitzungen angegeben. Der russische Therapeut hat somit im Vergleich zu seinem deutschen Kollegen fast nur 1/3 der Zeit zur Verfügung. Die Sitzungsfrequenz ist mit einmal wöchentlich in beiden Gruppen identisch, auch das Setting – vorwiegend Einzeltherapie. Russische Kollegen beziehen aber eher Kinder und Familienangehörige ein, was damit zusammenhängen kann, dass die Befragten vorwiegend in Schulen tätig waren.

Signifikant ist der Unterschied bei den im Westen als Therapieabbrecher bezeichneten Patienten. Ein Viertel der russischen Therapeuten muss davon ausgehen, dass mit einer Wahrscheinlichkeit von 30-40% der Patient nach dem Erstinterview nicht erneut kommt. Im Gegensatz dazu kann der deutsche Therapeut mit einer hohen Wahrscheinlichkeit davon ausgehen, dass sein Patient die Therapie nicht abbrechen wird. Dies erzeugt einen Erfolgszwang beim russischen Psychotherapeuten, dass Erfolge sich bereits nach der ersten Sitzung zeigen müssen, die ja vielleicht die letzte Sitzung war. Das Interesse für Techniken und Kurzzeittherapie geht sicher auch hierauf zurück.

***Tabelle 4:* Therapie und finanzielle Faktoren**

Haben Sie Patienten über längere Zeit unentgeltlich behandelt?	**oft**	**manchmal**	**nie**
Russische Psychotherapeuten	43 (78%)	11 (20%)	1 (2%)
Deutsche Psychotherapeuten	8 (16%)	25 (50%)	17 (34%)
Signifikanz (p)	p < 0,05	p < 0,05	p < 0,05

Würden Sie einen Patienten, der kein Geld für die Therapie hat, abweisen?	**immer**	**oft**	**manchmal**	**selten**	**nie**
Russische Psychotherapeuten	0	3 (5%)	3 (5%)	16 (30%)	33 (60%)
Deutsche Psychotherapeuten	1 (2%)	6 (11%)	12 (21%)	20 (36%)	17 (30%)
Signifikanz (p)	keine	keine	p < 0,05	keine	p < 0,05

Besprechung von Rahmenbedingungen (Ziel, Dauer, Geld etc.) bei Therapiebeginn?	**immer**	**oft**	**manchmal**	**selten**	**nie**
Russische Psychotherapeuten	18 (33%)	14 (25%)	6 (11%)	11 (20%)	6 (11%)
Deutsche Psychotherapeuten	32 (64%)	10 (20%)	4 (8%)	3 (6%)	1 (2%)
Signifikanz (p)	p < 0,05	keine	keine	p < 0,05	p < 0,05

Diskussion und Interpretation der Tabelle 4:
Bei der Frage nach der Beziehung zu Patienten, die nicht in der Lage sind, für die Therapie zu zahlen, scheint dies für russische Therapeuten eine Realität zu sein, während über ein Drittel aller deutschen Therapeuten noch nie in dieser Lage war. Fast 90% aller russischen Therapeuten würden einen hilfesuchenden, aber mittellosen Patienten nicht abweisen, deutsche Kollegen würden dies zu zwei Dritteln auch nicht tun (sie haben aber auch bisher weniger solche Patienten gehabt). Über ein Drittel der deutschen Kollegen hat noch nie einen Patienten unentgeltlich behandeln müssen. Auf russischer Seite haben sich 98% aller Therapeuten bereits in einer derartigen Lage befunden. Rahmenbedingungen der Therapie werden von deutschen Kollegen eher angesprochen als von russischen, von denen ein Drittel es gar nicht oder nur selten tun. Es sei angemerkt, dass das Thema Grenzziehung in den Seminaren häufig besprochen worden ist, so dass erfahrene russische Kollegen bereits einiges umgesetzt zu haben scheinen. In der Sprache der Positiven Psychotherapie können wir feststellen, dass russische Therapeuten eher liebesfähigkeits-orientiert sind, was sich im Einfühlungsvermögen, Mitfühlen und Mitleid dem Patienten gegenüber zeigt. Wie in kollektiven Gesellschaften üblich, ist die Beziehung das entscheidende Kriterium zwischen zwei Menschen, nicht das Geld oder andere Inhalte. Diese beziehungserhaltende Tendenz in Russland zeigt sich in vielen Faktoren, auch im Umgang mit finanziellen Problemen der Patienten.

***Tabelle 5:* Veränderungen der eigenen Persönlichkeit und des Verhaltens**

Veränderung der eigenen Energieverteilung (Balance-Modell) seit Arbeit mit PPT	**besser/ausgeglichener**	**Signifikanz (p)**
Russische Psychotherapeuten	47 (87%)	keine
Deutsche Psychotherapeuten	32 (72%)	keine

Veränderung der Beziehung zur eigenen Familie	**völlig verändert**	**sehr**	**etwas**	**kaum**	**keine Veränderung**
Russische Psychotherapeuten	2 (4%)	24 (44%)	24 (44%)	3 (6%)	1 (2%)
Deutsche Psychotherapeuten	9 (16%)	30 (54%)	12 (21%)	2 (4%)	3 (5%)
Signifikanz (p)	$p < 0{,}05$	keine	keine	keine	keine

Veränderung der Beziehung zu Patienten durch PPT	**völlig verändert**	**sehr**	**etwas**	**kaum**	**keine Veränderung**
Russische Psychotherapeuten	2 (4%)	31 (57%)	17 (31%)	4 (8%)	0
Deutsche Psychotherapeuten	19 (32%)	27 (45%)	11 (18%)	3 (5%)	0
Signifikanz (p)	$p < 0{,}05$	keine	keine	keine	keine

Veränderung der Beziehung zu Kollegen durch PPT	**völlig verändert**	**sehr**	**etwas**	**kaum**	**keine Veränderung**	**Signifikanz (p)**
Russische Psychotherapeuten	2 (4%)	23 (43%)	21 (39%)	3 (6%)	5 (8%)	keine
Deutsche Psychotherapeuten	7 (13%)	23 (41%)	21 (38%)	3 (5%)	2 (3%)	keine

Veränderung der Einstellung zum Tod und Sinn durch PPT	**völlig verändert**	**sehr**	**etwas**	**kaum**	**keine Veränderung**	**Signifikanz (p)**
Russische Psychotherapeuten	5 (9%)	28 (51%)	15 (27%)	4 (7%)	3 (6%)	keine
Deutsche Psychotherapeuten	4 (7%)	23 (40%)	17 (30%)	8 (14%)	5 (9%)	keine

Diskussion und Interpretation der Tabelle 5:
Fast alle Befragten haben ihren Lebensstil in Richtung eines Gleichgewichtes (Balance-Modell) verändert und früher vernachlässigte Fähigkeiten entwickelt. Bei über der Hälfte hat die Methode die Beziehung zu Patienten und zur eigenen Familie wesentlich verändert, ebenso die Beziehung zu existentiellen Fragen und dem Thema Tod. Dies unterstreicht die Wirkung der PPT nicht nur auf den Patienten, sondern auch bei der Anwendung im eigenen Leben des Therapeuten als eine ressourcen-orientierte Methode. Deutsche Psychotherapeuten haben von der Methode in Bezug auf eine Verbesserung der psychotherapeutischen Beziehung mehr profitieren können als ihre russischen Kollegen. Vielleicht mag ein Grund in der Betonung der Wichtigkeit der therapeutischen Beziehung in Westen liegen, während in Russland eher die reine Behandlung im Vordergrund steht.

Tabelle 6: Übersinnliches und Psychotherapie

Glauben Sie an Horoskope, den Einfluss der Sterne und Vorherbestimmung?	**ja**	**nein**	**weiß nicht**
Russische Psychotherapeuten	25 (46%)	16 (30%)	13 (24%)
Deutsche Psychotherapeuten	7 (12%)	36 (60%)	17 (28%)
Signifikanz (p)	$p < 0,05$	$p < 0,05$	keine

Beziehen Sie Horoskope, Sterne und Übersinnliches in Ihre Arbeit ein?	**immer**	**oft**	**manchmal**	**selten**	**nie**
Russische Psychotherapeuten	0	5 (9%)	1 (2%)	20 (37%)	28 (52%)
Deutsche Psychotherapeuten	0	0	4 (7%)	8 (13%)	48 (80%)
Signifikanz (p)	keine	$p < 0{,}05$	keine	$p < 0{,}05$	$p < 0{,}05$

Glauben Sie daran, dass ein Patient verwünscht oder verzaubert werden kann und dies die Ursache seiner Krankheit sein kann?	**ja**	**nein**	**weiß nicht**
Russische Psychotherapeuten	7 (13%)	27 (50%)	20 (37%)
Deutsche Psychotherapeuten	2 (3%)	54 (90%)	4 (7%)
Signifikanz (p)	$p < 0{,}05$	$p < 0{,}05$	$p < 0{,}05$

Diskussion und Interpretation der Tabelle 6:
Russische Therapeuten glauben eher an Übersinnliches (im weitesten Sinne) als ihre deutschen Kollegen und beziehen diese Elemente häufiger in die Arbeit ein. Interessant ist, dass 50% der russischen Befragten daran glauben beziehungsweise nicht sicher sind, ob ein Patient verzaubert oder verwünscht sein kann, es also nicht sicher ausschließen. Der Behandler kann diese Unentschlossenheit entsprechend ausnutzen beziehungsweise ansprechen, wenn er möchte.

Literaturverzeichnis

Anmerkung: Russischsprachige Arbeiten sind *kursiv* und der Verständnis halber in deutscher Übersetzung aufgeführt. Die Autorennamen sind zum Teil uneinheitlich wiedergegeben, einige in deutscher, einige in englischer Umschrift.

Abdu'l-Bahá (1977). Beantwortete Fragen. 3. Auflage. Bahá'í-Verlag, Hofheim/Ts.

Ackerknecht, E.H. (1985) Kurze Geschichte der Psychiatrie. 3. Auflage, Enke, Stuttgart

Adler, M. (1993) Ethnopsychoanalyse. Das Unbewusste in Wissenschaft und Kultur. Stuttgart, Schattauer.

Alexandrovski, J. A. (1997) Grenzwertige psychische Störungen, 2. Aufl., Feniks, Rostov am Don.

American Psychiatric Association (1987): Diagnostic and Statistical Manual of Mental Disorders, Third Edition, Revised (DSM-III-R). Washington, DC, American Psychiatric Association.

Anonyma (1988) Verführung auf der Couch. Kore, Freiburg.

Augerolles, J (1991) Mein Analytiker und ich – Tagebuch einer verhängnisvollen Beziehung. Fischer, Frankfurt am Main.

Avdeev, D.A., Peseschkian, H., (1993) Positive Psychotherapie in der Psychosomatik. Universitätsverlag Tschuwaschien, Tscheboksari.

Averintsev, S. (1993) Die russische und die osteuropäischen Kulturen. In: Laszlo, E. (Hrsg.) Rettet die Weltkulturen. Der multikulturelle Planet. Report einer unabhängigen internationalen Expertengruppe an die UNESCO. Horizonte, Stuttgart.

Bahá'u'lláh (1982) Botschaften aus Akká. Bahá'í-Verlag, Hofheim/Ts..

Barash, B.A. (1993a): Die dritte Revolution in der Psychotherapie. Bechterew Review of Psychiatry and Medical Psychology (St. Petersburg), No. 2, 48-57.

Barash, B.A. (1993b): Positive Psychotherapie und der Bahá'ísmus. Bechterew Review of Psychiatry and Medical Psychology (St. Petersburg), No. 4, 73-77.

Bashkirova et al. (1997)

Beauford J.E., McNiel D.E., Binder R.L. (1997) Utility of the Initial Therapeutic Alliance in Evaluating Psychiatric Patients' Risk of Violence. Am J Psychiatry 154:9.

Beecher, H.K. (1955). The powerful placebo. JAMA 159 (1955) 1602-1606.

Beecher, H.K. (1970) Research and the Individual: Human Studies. Little, Brown, Boston.

Berg-Cross L, Chinen R.T. (1995) Multicultural Training Models and the Person-in-Culture Interview. In: Ponterotto J.G. et al. (eds.): Handbook of multicultural counseling. Sage, Thousand Oaks, California.

Bibring E (1954) Psychoanalysis and the dynamic psychotherapies. J Am Psychoanal Assoc 2:745-770.

Bischoff L.J. (1983) Persönlichkeitstheorien: Darstellungen und Interpretationen. 2 Bände. Junfermann, Paderborn.

Böll, H. (1976) Dürfen Russen lachen? In: B. Balzer (Hrsg.): Heinrich Böll Werke. Essayistische Schriften und Reden 3. 1973-1978. Köln.

Bühler, Ch., Allen, M (1973) Einführung in die Humanistische Psychologie. Klett, Stuttgart.

Burisch M (1994) Das Burnout-Syndrom. Theorie der inneren Erschöpfung, 2. Aufl. Springer, Heidelberg.

Burno, M.E. (1995). Handbuch der klinischen Psychotherapie. Verlag der Russischen Gesellschaft der Ärzte und Literaten, Moskau.

Burno, M.E. (2000). Klinische Psychotherapie. Verlag Akademitscheski Projekt, Moskau.

Capra F (1985) Wendezeit. Scherz Verlag, Bern/München/Wien.

Chan, D.K.-S. (1991) Effects on concession pattern, relationship between negotiators, and culture of negotiation. Unpublished Master's Thesis, Department of Psychology, University of Illinois.

Churkin, A.A. (1997): Grundlegende Annahmen epidemiologischer Untersuchungen in der transkulturellen Psychiatrie. In: Psychische Gesundheit der Bevölkerung Russlands. Konferenzband der allrussischen wissenschaftlich-praktischen Konferenz, 14.-16.4.1994, Ijewsk.

Clauss, G. et al. (1976) Wörterbuch der Psychologie. Pahl-Rugenstein, Köln

Clemens-Lodde, B, Schäuble, W (1980) Anregungen und Perspektiven für eine humanistische Persönlichkeits-psychologie. In: Völker, U. (Hrsg): Humanistische Psychologie: Ansätze einer lebensnahen Wissenschaft vom Menschen. Beltz, Weinheim/Basel.

Collatz, J. (1998) Transkulturelle Herausforderung und Ansätze zu strukturellen Lösungen psychotherapeutischer Versorgung in einer globalen Weltkultur. In: T. Heise (Hrsg.): Transkulturelle Psychotherapie. Hilfen im ärztlichen und therapeutischen Umgang mit ausländischen Mitbürgern (in der Reihe: Das transkulturelle Psychoforum Band 4). Verlag für Wissenschaft und Bildung, Berlin.

Collins (1987). COBUILD English language dictionary. Collins, London.

Corsini, R, Rosenberg, B. (1955) Mechanism of group psychotherapy: Processes and dynamics. J Abnorm Soc Psychol 51:406-411.

Daun, A. (1991) Individualism and collectivity among Swedes. Ethnos 56, 165-172.

Daun, A. (1992) Modern and modest: Mentality and stereotypes among Swedes. In: Sjögren, A, Janson, L. (eds.): Culture and management. Stockholm, Institute for International Business.

Devereux, G. (1961) Mohave Ethnopsychiatry and Suicide. The psychiatric Knowledge and the psychiatric Disturbances of an Indian Tribe. Smithonian Inst. Bureau, Amer. Ethnology Bull. 175, Washington.

Diaz-Guerrero, R. (1979) The development of coping style. Human Development 22, 320-331

Diaz-Guerrero, R. (1991) Mexican ethnopsychology. Paper presented at the 20th meeting of the Society for Cross-Cultural Research, Puerto Rico, February.

Dmitrieva, T.B. (1994a): Probleme der Humanisierung der Psychiatrie im post-sowjetischen Russland. In: Psychiatrie in Russland – Gestern und heute. Materialien des russischen Symposiums auf dem Jubiläumskongress des 150. Jahrestages der Gründung der Deutschen Gesellschaft für Psychiatrie und Nervenheilkunde (27.9.-1.10.92, Köln). Herausgegeben vom Bekhterev Institut, St. Petersburg

Dmitrieva, T.B. (1994b): Sozialpsychiatrie als selbständiges Gebiet der Allgemeinen Psychiatrie. In: Psychische Gesundheit der Bevölkerung Russlands. Konferenzband der allrussischen wissenschaftlich-praktischen Konferenz, 14.-16.4.1994, Ijewsk.

Dorsch, F., Bergius, R., Ries, H., et al. (1982) Psychologisches Wörterbuch. 10. Auflage, Huber, Bern/Stuttgart/Wien.

Duden (1990). Fremdwörterbuch, Band 5, 5. Auflage, Mannheim.

Eckert, J. (2001). Wissenschaftlicher Beirat Psychotherapie: Quo vadis? Eine kritische Bestandsaufnahme. Psychotherapeut 2001, 46, 409-411.

Eichler, J., Peseschkian, H. (1991) Psychosomatische Aspekte beim lumbalen Bandscheibenvorfall. In: H-G. Willert, G. Wetzel-Willert (Hrsg.): Psychosomatik in der Orthopädie. Hans Huber Verlag, Stuttgart, Seite 135-143.

Ernst, E. (1998). Towards a Risk-Benefit Evaluation of Placebos. Wien. Med. Wschr. 1998; 148; 461-463.

Etkind, A. (1996). Eros des Unmöglichen. Die Geschichte der Psychoanalyse in Russland. Kiepenheuer Verlag, Leipzig.

Europäischer Verband für Psychotherapie (1990). Straßburger Deklaration zur Psychotherapie. Wien.

Europäischer Verband für Psychotherapie (1995). Ausbildung in Psychotherapie – Mindeststandards. Wien.

Fabrega, H., Parron D.L. (eds.): Culture and Psychiatric Diagnosis. A DSM-IV Perspective. American Psychiatric Press, Washington, D.C. –JAHR FEHLT:

Feifel, H: (1963) Death. In: Farberow N.L. (Ed.): Taboo Topics. Atherton, New York.

Fengler, J. (1994) Helfen macht müde: Zur Analyse und Bewältigung von Burnout und beruflicher Deformation. 3. Aufl., Pfeiffer, München.

Field, M.G. (1960) Approaches to Mental Illness in Soviet Society: Some comparisons and conjectures. Social Problems, 4.

Frank, J.D. (1961) Persuasion and healing. John Hopkins, Balitmore (dtsch. Frank JD (1981) Die Heiler. Wirkungsweisen psychotherapeutischer Beeinflussung: vom Schamanismus bis zu den modernen Therapien. Klett-Cotta, Stuttgart)

Frank, J.D. (1971) Therapeutic factors in psychotherapy. Am J Psychother 25:350-361

Frank, J.D. et al. (1963) Immediate and long-term symptomatic course of psychiatric outpatients. Am J Psychiatry 120: 429-439.

Freeman, M.A. (1997) Demographic correlates of individualism and collectivism. Journal of Cross-Cultural Psychology, Vol. 28, No. 3, pp. 321-341.

Freud, S. (1915) Bemerkungen über die Übertragungsliebe. In: Freud, A, Grubrich-Simitis, I. (1978) (Hrsg.): Sigmund Freud – Werksausgabe in zwei Bänden. 2. Auflage, Fischer, Frankfurt am Main.

Freud, S. (1927) Nachwort ‚zur Frage der Laienanalyse'. In: Freud, A, Grubrich-Simitis, I. (1978) (hrsg.): Sigmund Freud – Werksausgabe in zwei Bänden. 2. Auflage, Fischer, Frankfurt am Main

Freud, S. (1937) Die endliche und die unendliche Analyse. In.: Freud, A., Grubrich-Simitis, I. (Hrsg.) (1978): Sigmund Freund – Werksausgabe in 2 Bänden. S. Fischer, Frankfurt am Main.

Fulford, B. (1997) Editorial. Mental Health Reforms (Journal of the Geneva Initiative on Psychiatry), vol. 2, No. 4.

Gielen, U.P. (1995) Editorial. World Psychology, 1 (4), vii-x.

Goble, F. (1979). Die dritte Kraft. A.H. Maslows Beitrag zu einer Psychologie seelischer Gesundheit. Walter Verlag, Olten.

Gonopolsky, M. (1994): Zur Quellen der „Schizophrenomanie" in der sowjetischen Psychiatrie. In: Psychiatrie in Russland – gestern und heute. Materialien des russischen Symposiums auf dem Jubiläumskongress des 150. Jahrestages der Gründung der Deutschen Gesellschaft für Psychiatrie und Nervenheilkunde (27.9.-1.10.92, Köln). Herausgegeben vom Bekhterev Institut, St. Petersburg.

Good, B.J. (1993) Culture, diagnosis and comorbidity. Cult Med Psychiatry 16:427-446.

Gorbatschow, M. (1987). Perestroika. Die zweite russische Revolution. Droemer Knaur, München.

Grawe, K., Donanti, R., Bernauer, F. (1994) Psychotherapie im Wandel. Von der Konfession zur Profession. Hogrefe Verlag, Göttingen.

Groisman A.L. (1969): Kollektive Psychotherapie. Meditsina, Moskau.

Guthrie, G.M. (1961) The Filipino child and the Philippine society. Manila: Philippine Normal College Press

Hagehülsmann, H. (1987) Begriff und Funktion von Menschenbildern in Psychologie und Psychotherapie. In: H. Petzold (Hrsg.): Wege zum Menschen. Band 1. Junfermann Verlag, Paderborn.

Hampden-Turner, C. (1993). Modelle des Menschen. Ein Handbuch des menschlichen Bewusstseins. 3. Auflage, Beltz Verlag, Weinheim.

Harprecht, K. (2001) Abschied von Potemkin? In: managermagazin 10/01, Seite 232f.

Heise, T. (1998) Von der ‚Psychiatrie in der Dritten Welt‘ über die ‚Ethnopsychoanalyse‘ und ‚Migrationspathologie‘ zur ‚transkulturellen Psychotherapie‘? In: T. Heise (Hrsg.): Transkulturelle Psychotherapie. Hilfen im ärztlichen und therapeutischen Umgang mit ausländischen Mitbürgern (in der Reihe: Das transkulturelle Psychoforum Band 4). Verlag für Wissenschaft und Bildung, Berlin.

Heisenberg, W. (1962). Physics and Philosophy. New York.

Herzog, L. (1982) Die wissenschaftstheoretische Problematik der Integration psychotherapeutischer Methoden. In: Petzold, H. (1982) (Hrsg.): Methodenintegration in der Psychotherapie. Junfermann, Paderborn.

Heyne, C. (1991) Tatort Couch. Sexueller Missbrauch in der Therapie – Ursachen, Fakten, Folgen und Möglichkeiten der Verarbeitung. Kreuz, Zürich.

Ho, D. (1979). Psychological implications of collectivism. In: Eckensberger, L; Lonner, W.; Poortinga, Y. (Hrsg.): Cross-cultural contributions to psychology. Lisse: Swets & Zeitlinger.

Hoch, E.M. (1990) Experiences with psychotherapy training in India. Psychother Psychosom 53, 14-20.

Hoffmann, S.O. (1986) Vorlesung an der Universität Mainz.

Hofstede, G. (1980) Culture's consequences. Beverly Hills, CA: Sage.

Hofstede, G. (1989) Culture's consequences. Beverly Hills, Sage.

Hofstede, G. (1991) Cultures and organizations: Software of the mind. London: McGraw-Hill.

Hofstede, G. (1994) Foreword. In: Kim, U., Triandis, H.C., Kagitcibasi, C., Choi, S., & Yoon, G. (Eds.): Individualism and collectivism. Thousand Oaks, CA: Sage, pp. ix-xiii.

Hollander, D., Harland, J. (1973) Antacids vs. Placebos in peptic ulcer therapy. A controlled double-blind investigation. JAMA 226:1181-1185.

Hui, C.H. (1988) Measurement of individualism-collectivism. Journal of Research in Personality, 22, 17-36.

Hui, C.H., Triandis, H.C. (1986) Individualism-collectivism: A study of cross-cultural researchers. Journal of Cross-Cultural Psychology, 17, 225-248.

Huntington, S.P. (1997). Kampf der Kulturen. Die Neugestaltung der Weltpolitik im 21. Jahrhundert. 6. Auflage, Europaverlag, München.

I Ging. Zitiert in : Capra, F. (1985). Wendezeit. Scherz Verlag, Bern/München/Wien.

Ichheiser, G. (1970) Appearances and realities. Jossey-Bass, San Francisco.

Inkeles, A. (1961) National character and modern political systems. In: Hsu, F. (ed.): Psychological Anthropology. Homewood, Ill., S. 172-208.

Inkeles, A., Levinson, D. (1954) National character. Zitiert nach: Lindzey, G., Aronson, E. (eds.): Handbook of Social Psychology. Vol. 4. Cambridge, Mass., 1969, S. 418-506.

Isurina, G.L. (1993): Kann man die Positive Psychotherapie als „Revolution“ in der psychiatrischen Praxis ansehen? Bekhterev Review of Psychiatry and Medical Psychology (St. Petersburg), No. 2, 58-59.

Ivanov, N.W. (1959): Psychotherapie im Setting einer psychoneurologischen Tagesklinik. Moscow.

Ivanov, N.W. (1961) Eine sowjetische Sicht der Gruppentherapie. "The Soviet Review", Vol. 11, No. 3 (March).

Iwata, O. (1992) Comparative study of person perception and friendly/altruistic behavior intentions between Canadian and Japanese undergraduates. In: Iwawaki, S., Kasjima, Y., Leung, K. (eds.): Innovations in cross-cultural psychology (pp 173-183). Amsterdam/Lisse: Swets & Zeitlinger.

Jackson, M.L. (1995) Multicultural Counseling – Historical Perspectives. In: Ponterotto, J.G., J.M. Casas, L.A. Suzuki, C.M. Alexander (eds.): Handbook of Multicultural Counseling. Sage, Thousand Oaks, California.

Jaspers, K. (1955) Wesen und Kritik der Psychotherapie. Piper & Co., München.

Jordan, D.C., Streets, D.T. (1973) Guiding the Process of Becoming. World Order Magazine, Chicago.

Justice, B. (1991) Wer wird krank? Goldmann Verlag, Krefeld.

Kabanov, M.M. (1993) Psychological and Psychotherapeutic Aspects of Rehabilitation. In: Strauss, B. et al. (eds.): New societies – new models in medicine. Schattauer, Stuttgart.

Kabanov, M.M. (1994) Die Rehabilitation psychisch Kranker als ethisch-juristisches Problem. In: Psychiatrie in Russland – gestern und heute. Materialien des russischen Symposiums auf dem Jubiläumskongress des 150. Jahrestages der Gründung der Deutschen Gesellschaft für Psychiatrie und Nervenheilkunde (27.9.-1.10.92, Köln, Deutschland). Herausgegeben vom Bekhterev Institut, St. Petersburg.

Kagitcibasi, C. (1988) Why individualism/collectivism? In: Keats, D.M., Munro, D., Mann, L. (eds.): Heterogneity in cross-cultural psychology. Lisse: Swets & Zeitlinger, pp. 66-74.

Kagitcibasi, C., Berry, J.W. (1989). Cross-cultural psychology: current research and trends. Annual Review of Psychology, 40, 493-531.

Kakar, S. (1994) Modern psychotherapies in traditional cultures: India, China, and Japan. Proceedings of the 16th International Congress of Psychotherapy, 21-25 Aug.1994, Seoul, Korea, pp. 91-98.

Kang, Suk-Hun (1990) Training and Development of Psychotherapy in Korea. Psychother Psychosom 53, 46-49.

Kardiner, A. (1945) The psychological frontiers of society. New York, p. viii.

Karkos, I. (1994) Humanitäre Aspekte der gegenwärtigen Psychiatrie. In: Psychiatrie in Russland – gestern und heute. Materialien des russischen Symposiums auf dem Jubiläumskongress des 150. Jahrestages der Gründung der Deutschen Gesellschaft für Psychiatrie und Nervenheilkunde (27.9.-1.10.92, Köln, Deutschland). Herausgegeben vom Bekhterev Institut, St. Petersburg.

Karvasarsky, B.D. (1980) Neurosen – Ein Handbuch für Ärzte. Meditsina, Moskau.

Karvasarsky, B.D. (1982) Medizinische Psychologie. Meditsina, Moskau.

Karvasarsky, B.D. (1985) Psychotherapie. Meditsina, Moskau.

Karvasarsky, B.D. (1993) State and development trends of psychotherapy in Russia. In: Strauss, B. et al. (eds): New societies – new models in medicine. Schattauer, Stuttgart.

Karvasarsky, B.D. (2000) Kurzer geschichtlicher Abriss der Psychotherapie. In: Karvasarsky, B.D. (Hrsg.) Lehrbuch der Psychotherapie. Piter, St. Petersburg.

Kashima, Y. (1986) Conceptions of person: Implications in individualism-collectivism research. In: Kagitcibasi, C. (ed.): Growth and progress in cross-cultural psychology. Berwyn, Ill: Swets North America, pp. 104-112.

Kennedy, P. (1993) In Vorbereitung auf das 21. Jahrhundert. S. Fischer Verlag, Frankfurt am Main.

Kirsch, I., Sapirstein, G. (1998). Listening to Prozac but Hearing Placebo: A Meta-Analysis of Antidepressant Medication. Prevention & Treatment, Vol. 1, June 1998.

Kleinman, A. (1996) How is culture important for DSM-IV? In: Mezzich, J.E., Kleinman A.,

Kondrashenko V.T., Donskoi, D.I. (1997) Allgemeine Psychotherapie. 2. Aufl., Verlag Wischeischaja Schkola, Minsk.

Korolenko, Z.P. (1995) // Materialien der 12. Tagung der russischen Psychiater. Moskau, Seite 80-81.

Kraepelin, E. (1904a) Vergleichende Psychiatrie. Cbl. Nervenheilk. Psychiat. 27, 433-437.

Kraepelin, E. (1904b) Psychiatrisches aus Java. Cbl. Nervenheilk. Psychiat. 27, 468-469.

Krapf, R. (2001) Wie wirkt Placebo? Biochemie der Erwartungshaltung. Schweiz Med Forum, Nr. 40, 3. Oktober 2001, S. 999.

Krone-Schmalz, G. (Hrsg.) (1996). Von der russischen Seele. Econ Taschenbuch Verlag, 1996.

Laszlo, E. (Hrsg.) (1993) Rettet die Weltkulturen. Der multikulturelle Planet. Report einer unabhängigen internationalen Expertengruppe an die UNESCO. Horizonte Verlag, Stuttgart.

Laurinaitis, E. (1994) From totalitarianism to democracy – wins and loses. In: Proceedings of the 16th International Congress of Psychotherapy, 21-25 August 1994, Seoul, Korea, pp. 210-212.

Leontiev, D.A., Masur, E.S., Shapiro, A.Z. (1991) Die Positive Psychotherapie von Nossrat Peseschkian. Psychologisches Journal, Band 12, Nr. 6, Seite 105-107, Moskau.

Lermer, S., Meiser, H.C. (1991) Lebensabschnittspartner. Die neue Form der Zweisamkeit. Wolfgang Krüger Verlag, Frankfurt am Main.

Lin EHB (1984) Intra-ethic characteristics and patient-physician interaction: cultural blind spot syndrome. J Fam Pract 16 (1):91-98.

Luborsky, L. (1988) Einführung in die analytische Psychotherapie. Springer, Heidelberg

Löwer-Hirsch, M. (1998). Sexueller Missbrauch in der Psychotherapie. Vandenhoeck & Ruprecht, Göttingen.

Makarenko, A.S. (1951) The Road to Life. Oriol Editions, New York.

Makarov, V.V. (1998) Einige prinzipielle Fragen der heutigen Psychotherapie. In: Abstractbuch der Internationalen Psychiater-Konferenz, 16-18.2.1998, Moskau

Makarov, V.V. (2000). Psychotherapie in der Russischen Föderation. In: Abstractbuch der Russischen Konferenz „Psychotherapie und klinische Psychologie in der allgemeinärztlichen Praxis" (26-28.5.1999, Ivanovo), Ivanovo State Medical Academy, Ivanovo.

Markus, H.R., Kitayama, S. (1991) Culture and self: Implications for cognition, emotion and motivation. Psychological Review 98, 224-253.

Marx, K., Engels, F.: Werke. Bd.3. (MEW). Berlin.

Mendelevich, V.D. (1995): Die Antizipation als ethnokultureller Mechanismus der Neurosengenese. In: Abstractbuch (Band 1) der Internationalen wissenschaftlichen Konferenz „Kulturelle und ethnische Probleme der psychischen Gesundheit, 13-15.12.1994, Moskau.

Mendelevich, V.D. (1997): Transkulturelle Aspekte der psychotherapeutischen Theorie und Praxis. In: Psychische Gesundheit der Bevölkerung Russlands. Konferenzband der allrussischen wissenschaftlich-praktischen Konferenz, 14.-16.4.1994, Ijewsk.

Mendelevich, V.D., Avdeev, D.A., Kisiliov, S. (1992): Psychotherapie – Sdravim Smislom. Universität Tschuwaschien, Tscheboksari.

Mendelevich, V.D., Valitov, R.O. (1995): Der Prozess der psychotischen Symboldarstellung im ethnokulturellen Kontext. In: Abstractbuch (Band 1) der Internationalen wissenschaftlichen Konferenz „Kulturelle und ethnische Probleme der psychischen Gesundheit, 13-15.12.1994, Moskau.

Mezzich, J.E., Kleinman, A., Fabrega, H., Parron, D.L. (eds.) (1996). Culture and Psychiatric Diagnosis. A DSM-IV Perspective. American Psychiatric Press, Washington, DC

Mijasischew, W.N. (1960) Persönlichkeit und Neurose. LGU Publisher, Leningrad.

Minevich, W.B., Baranchik, G.M. ((1994) // Psychiatrie im kulturellen Kontext. 1. Ausgabe, Moskau, Seite 5-58.

Ministerium der Russischen Föderation für Gesundheit. Prikas No. 294 vom 30.10.1995.

Möhring, P., Apsel, R. (Hrsg.) (1995). Interkulturelle psychoanalytische Therapie. Brandes & Apsel, Frankfurt am Main.

Moghaddam, F.M. (1987) Psychology in the Three Worlds: As reflected by the crisis in social psychology and the move towards indigenous Third World psychology. American Psychologist, 42, 912-920.

Moghaddam, F.M., Harre, R. (1995) But is it science? Traditional and alternative approaches to the study of social behavior. World Psychology, 1 (4): 47-78.

Muratova, I.D., Sidorov, P.I. et al. (1994) // Psychiatrie im kulturellen Kontext. 1. Ausgabe, Moskau, Seite 180-197.

Murphy, H.B.M.(1982) Comparative Psychiatry. Springer, Berlin.

Noelle-Neumann, E. (2001) Die Deutschen. Versuch eines Porträts. In: Frankfurter Allgemeine Zeitung vom 19.9.2001, Seite 5.

Paar, G.H. (1986). Plazebos. In: Th. Von Uexküll (Hrsg.): Psychosomatische Medizin. 3. Auflage. Urban & Schwarzenberg, München.

Parron, D.L. (1982) An overview of minority group mental needs and issues as presented to the President's Commission on Mental Health. In: Perspectives in Minority Group Mental Health. Edited by the President's Commission on Mental Health. University Press of America, Washington, D.C.

Pearson, L. (1990). Children of glasnost. University of Washington Press, Seattle.

Peck, M.S. (1978) The Road Less Traveled. A new psychology of love, traditional values and spiritual growth. Simon and Schuster, New York.

Pedersen, P.B. (ed.) (1991) Multiculturalism as a fourth force in counseling [special issue]. Journal of Counseling and Development, 70(1).

Pelto, P.J. (1968) The difference between "tight" and "loose" societies. Transaction, April, 37-40.

Peseschkian, H. (1987) Psycho-soziale Aspekte beim lumbalen Bandscheibenvorfall. Medizinische Dissertation, Universität Mainz.

Peseschkian, H. (1990) Positive Psychotherapie und Familientherapie. In: J. Derbolowsky, U. Derbolowsky (Hrsg.): Praktische Psychotherapie: Vom Symptom zur Ganzheitstherapie – Methodenvielfalt und Effizienzkontrolle. Verlag für Medizin Dr. Ewald Fischer, Heidelberg.

Peseschkian, H. (1993a) Grundlagen der Positiven Psychotherapie. Verlag der Medizinischen Hochschule Archangelsk, Archangelsk.

Peseschkian, H. (1993b) Überblick über die Geschichte der Entwicklung der Positiven Psychotherapie in Russland und anderen ehemaligen Sowjetrepubliken von 1989-1993. Positum – Zeitschrift für Positive Psychotherapie, 1. Jahrgang, Heft Nr. 1, Tscheboksari.

Peseschkian, H. (1995) Perspektiven der Positiven Therapie in Russland. In: Psychotherapie: Von der Theorie zur Praxis. Materialien des 1. Kongresses der Russischen Gesellschaft für Psychotherapie (Tjumen, 1994). Bechterew Institut (Hrsg.), St. Petersburg, Seite 103-107.

Peseschkian, H. (1998). Die Positive Psychotherapie als transkultureller Ansatz in der russischen Psychotherapie. Habilitationsschrift (Fachgebiete: Psychiatrie und medizinische Psychologie). Bechterew-Institut, St. Petersburg.

Peseschkian, H. Avdeev, D.A. (1995) Positive Family Therapy – A holistic and transcultural Approach. In: Dynamische Psychiatrie, 28. Jahrgang, Nr. 150/151, Seite 75-85.

Peseschkian, H., Chernokrylov, A. (1996) Transcultural Psychotherapy in multicultural Russian society. In: Proceedings of the 10th World Congress of Psychiatry (WPA), volume 2, page 394, Madrid/Spain.

Peseschkian, N. (1974) Schatten auf der Sonnenuhr. Medical Tribune, Wiesbaden.

Peseschkian, N. (1977) Positive Psychotherapie. Theorie und Praxis einer neuen Methode. Fischer, Frankfurt a.M.

Peseschkian, N. (1980) Positive Familientherapie. Eine Behandlungsmethode der Zukunft. Fischer, Frankfurt a.M.

Peseschkian, N. (1991) Ein neues Modell der Behandlung psychosomatischer Störungen: Positive Psychotherapie in der ärztlichen Praxis. Psychologisches Journal, Band 12, Nr. 6, Seite 108-115, Moskau.

Peseschkian, N. (1991) Psychosomatik und Positive Psychotherapie. Springer, Heidelberg.

Peseschkian, N. (2000) Der Kaufmann und der Papagei. Orientalische Geschichten als Medien in der Psychotherapie. 24. Auflage, Fischer Taschenbuch Verlag, Frankfurt am Main.

Peseschkian, N., Peseschkian, H. (1993a) Der Mensch ist seinem Wesen nach gut – Die Notwendigkeit eines positiven Menschenbildes für Priester und Ärzte im Zeitalter multikultureller Gesellschaften. In: O. Ausserer, W. Paris (Hrsg.): Glaube und Medizin. Alfred und Söhne, Meran/Italien.

Peseschkian, N., Peseschkian, H. (1993b) Positive Psychotherapie – Transkultureller und interdisziplinärer Ansatz. In: Zeitschrift für Psychiatrie und medizinische Psychologie (Bechterew), St. Petersburg, Heft 4, Seite 63-73.

Petrilowitsch, N. (Hrsg.) (1967) Beiträge zur Vergleichenden Psychiatrie, Bd. I und II. Karger, Basel.

Petrovsky, A.V. (1990) Psychology in the Soviet Union. A historical outline. Progress, Moskau.

Pfeiffer, W.M. (1994) Transkulturelle Psychiatrie, 2. Aufl., Thieme, Stuttgart.

Pohlen, M, Bautz-Holzherr, M. (1995) Psychoanalyse – Das Ende einer Deutungsmacht. Rowohlt, Hamburg.

Polozhy, B.S. (1995) Ethno- und soziokulturelle Aspekte der psychischen Gesundheit im heutigen Russland. In: Abstractbuch (Band 1) der Internationalen wissenschaftlichen Konferenz „Kulturelle und ethnische Probleme der psychischen Gesundheit, 13-15.12.1994, Moskau.

Polozhy, B.S. (1996) // Bekhterev Review of Psychiatry and Medical Psychology (St. Petersburg), No. 1-2.

Polozhy, B.S. (1997a) Kulturelle Psychiatrie: eine Betrachtung des Problems. Russian Journal of Psychiatry No.3, 5-10.

Polozhy, B.S. (1997b) Kulturelle Psychiatrie als aktuelle Richtung der psychiatrischen Wissenschaft und Praxis. In: Kulturelle und ethnische Probleme psychischer Gesundheit. Band 2. Sammelband der Vorträge der 2. wissenschaftlichen Konferenz, 25.27.9.1997, Ijewsk.

Polozhy, B.S. (1998): Die besondere Aufgabe der Sozialpsychiatrie im heutigen Russland. In: Abstractbuch der Internationalen Psychiater-Konferenz, 16-18.2.1998, Moskau

Ponterotto, J.G., Casas, J.M., Suzuki, L.A., Alexander, C.M. (eds.) (1995) Handbook of Multicultural Counseling. Sage, Thousand Oaks, California.

Popov, Y.V. (1995): Die Rolle der Psychiatrie bei interreligiösen und ethnischen Konflikten von Übergangsgesellschaften. In: Abstractbuch (Band 1) der Internationalen wissenschaftlichen Konferenz „Kulturelle und ethnische Probleme der psychischen Gesundheit, 13-15.12.1994, Moskau.

Price-Williams, B. (1980). Toward the idea of a cultural psychology. A superordinate theme for study. Journal of Cross-cultural Psychology, 11, 75-88.

Quekelberghe, R. van (1991) Klinische Ethnopsychologie. Asanger, Heidelberg.

Rancour-Laferriere, D. (1995) The Slave Soul of Russia. Moral Masochism and the Cult of Suffering. New York University Press, New York.

Reimer, C. (1996a) Ethische Aspekte der Psychotherapie. In: Reimer C, Eckert J, Hautzinger M, Wilke E: Psychotherapie – Ein Lehrbuch für Ärzte und Psychologen. Springer, Heidelberg.

Reimer, C. (1996b) Der therapeutische Prozess. In: C. Reimer, M. Hautzinger, J. Eckert, E. Wilke: Psychotherapie – Ein Lehrbuch für Ärzte und Psychologen. Springer, Heidelberg.

Reynolds, A.L. (1995) Challenges and Strategies for Teaching Multicultural Counseling Courses. In: Ponterotto J.G. et al. (eds.): Handbook of multicultural counseling. Sage, Thousand Oaks, California.

Rhee, D. (1990) The Tao, psychoanalysis and existential thought. Psychother Psychosom 53, 21-27.

Rhee, D. (1994) The Tao and western psychotherapy. Proceedings of the 16th International Congress of Psychotherapy, 21-25.8.1994, Seoul, Korea, pp. 150-156.

Robbins, M.C., de Walt, B.R., Pelto, P.J. (1972) Climate and behavior: A biocultural study. Journal of Cross-Cultural Psychology 3, 331-344.

Rodis-Lewis, G. (1978) Limitations of the Mechanical Model in the Cartesian Conception of the Organism. In: Hooker, M. (Hrsg.): Descartes. Baltimore.

Rojnov V.E. (1979) Handbuch der Psychotherapie. Meditisina, Tashkent.

Russische Föderation (1996). Verfassung. Prospekt Verlag, Moskau.

Saß, H., Zaudig, M., Houben, I., Wittchen, H.-U. (1996) Einführung zur deutschen Ausgabe : Zur Situation der operationalisierten Diagnostik in der deutschsprachigen Psychiatrie. In: Diagnostisches und Statistisches Manual Psychischer Störungen DSM-IV. Hogrefe, Göttingen.

Scheerer, E. (1983) Die Verhaltensanalyse. Springer, Heidelberg.

Schmidt, L. (1992) Schlagfertige Definitionen. Rowohlt, Reinbeck.

Schneider, W. (Hrsg.) (1990) Indikationen zur Psychotherapie. Beltz, Weinheim Basel.

Segal, R.A. (1987) Joseph Campbell: An introduction. New York, Garland Publishing.

Semke, V.J. (1995): Transkulturelle Untersuchungen auf dem Gebiet psychiatrischer Grenzstörungen. In: Abstractbuch (Band 1) der Internationalen wissenschaftlichen Konferenz „Kulturelle und ethnische Probleme der psychischen Gesundheit, 13-15.12.1994, Moskau.

Semke, V.J., Galaktionov, O.K. (1997) Die Bedeutung der transkulturellen Psychiatrie: Grenzen, Aufgaben und Methoden. In: Psychische Gesundheit der Bevölkerung Russlands. Konferenzband der allrussischen wissenschaftlich-praktischen Konferenz, 14.-16.4.1994, Ijewsk.

Semke, W.J. (1996) // Kulturelle und ethnische Probleme psychischer Gesundheit. Moskau, Seite 164-167.

Semyonova, N.D. (1994) Psychotherapy in Russia. In: Proceedings of the 16th International Congress of Psychotherapy, 21-25 August 1994, Seoul, Korea, pp. 297-303.

Shapiro, A.K. (1964). A historic and heuristic definition of the placebo. Psychiatry 27 (1964) 52-58.

Sidorov, P.I., Davidov, A.N., Bodnaruk, R.V. (1995) Russische Jurodivne als Objekt ethnopsychiatrischer Untersuchung. In: Abstractbuch (Band 1) der Internationalen wissenschaftlichen Konferenz „Kulturelle und ethnische Probleme der psychischen Gesundheit, 13-15.12.1994, Moskau.

Sidorov, P.I., Pankov, M.N. (1998) Psychotherapeutische Hilfe für Hospitz-Patienten. In: Abstractbuch der Internationalen Psychiater-Konferenz, 16-18.2.1998, Moskau

Sommers, F. (1978) Dualism in Descartes: The Logical Ground. In: Hooker, M. (Hrsg.): Descartes. Baltimore.

Statistisches Bundesamt (1994) Datenreport 1994. Zahlen und Fakten über die Bundesrepublik Deutschland. Bundeszentrale für politische Bildung, Bonn.

Stoljarova, I.P., Podubnaya G.P., Yatskov, L.P. (1995) Die Besonderheiten der Psychotherapie von psychischen Grenzstörungen von völkischen Minderheiten der Primorski Region. In: Abstractbuch (Band 1) der Internationalen wissenschaftlichen Konferenz „Kulturelle und ethnische Probleme der psychischen Gesundheit, 13-15.12.1994, Moskau.

Strupp, H.H. (1972a) Needed: A reformulation of the psychotherapeutic influence. Int J Psychiatry 10:119.

Strupp, H.H. (1972b) On the technology of psychotherapy. Arch Gen Psychiatry 26: 270-278.

Swijadosch A.M. (1982) Neurosen. 3. Auflage, Meditsina, Moskau.

Tashlikov, B.A. (1984) Die Psychologie des Heilungsprozesses. Meditsina, Leningrad.

Thangavelu, R., Martin, R.L. (1995) ICD-10 and DSM-IV: Depiction of the Diagnostic Elephant. World Psychiatry, 3, 3-11.

Triandis, H.C. (1988). Collectivism and development. In: Sinha, D., Kao, H.S.R. (eds.): Social values and development: Asian perspectives. New Delhi: Sage, pp. 286-303.

Triandis, H.C. (1989) Cross-cultural studies of individualism and collectivism. In: Berman, J.J. (ed.): Nebraska symposium on motivation: Cross-cultural perspectives. Lincoln: University of Nebraska Press, pp. 41-133.

Triandis, H.C. (1994) Culture and social behavior. New York, McGraw-Hill.

Triandis, H.C. (1995) Individualism & Collectivism. Westview Press, Boulder/Colorado.

Triandis, H.C., Lambert, W.W. (1980) Handbook of Cross-cultural Psychology. Allyn & Bacon, Boston.

Triandis, H.C., McCusker, C., Hui, C.H. (1990) Multimethod probes of individualism and collectivism. Journal of Cross-Cultural Psychology, 24, 366-383.

Tritt, J., Loew, T.H., Meyer, M., Werner, B., Peseschkian, N. (1999). Positive Psychotherapy: Effectiveness of an interdisciplinary approach. The European Journal of Psychiatry, Vol. 13, No. 4 (231-241).

Vogler P (1972) Disziplinärer Methodenkontext und Menschenbild. In: Gadamer, H.G., Vogler, P. (1972) Neue Anthropologie. Band 1: Biologie der Anthropologie, 1. Teil, Thieme, Stuttgart.

Völker, U. (1980) Grundlagen der Humanistischen Psychologie. In: Völker, U. (Hrsg.), Humanistische Psychologie: Ansätze einer lebensnahen Wissenschaft vom Menschen. Beltz, Weinheim/Basel.

Walach, H. (1992) Wissenschaftliche homöopathische Arzneimittelprüfung. Haug Verlag.

Westmeyer, H. (1973). Kritik der psychologischen Unvernunft: Probleme der Psychologie als Wissenschaft. Kohlhammer, Stuttgart.

Wetter. G.A. (1958) Philosophie und Naturwissenschaft in der Sowjetunion. Rowohlts deutsche Enzyklopädie, Band 67, Rowohlt, Hamburg.

Wied V.D. (1994) Probleme der empirischen Forschung der Psychosenpsychotherapie in Russland. In: Psychiatrie in Russland – gestern und heute. Materialien des russischen Symposiums auf dem Jubiläumskongress des 150. Jahrestages der Gründung der Deutschen Gesellschaft für Psychiatrie und Nervenheilkunde (27.9.-1.10.92, Köln, Deutschland). Herausgegeben vom Bekhterev Institut, St. Petersburg.

Wied, V.D., Kabanov, M.M., Erzigkeit G. et al. (1995): Transkulturelle Untersuchungen über kognitive Defizite bei älteren Menschen. In: Abstractbuch (Band 1) der Internationalen wissenschaftlichen Konferenz „Kulturelle und ethnische Probleme der psychischen Gesundheit, 13-15.12.1994, Moskau.

Wittkower, E.D., Rin, H. (1965) Recent development in transcultural psychiatry. In: A.V.S. de Reuck, R. Porter (eds.): Transcultural Psychiatry. Ciba Foundation Symposium. Churchill, London.

Wolberg, L.R. (1977) The Technique of Psychotherapy (2 volumes). Third edition. Grune & Stratton, New York.

Wulff, E. (1978) Ethnopsychiatrie. Akademische Verlagsgesellschaft, Wiesbaden.

Yalom, I.D. (1970) The theory and practice of group psychotherapy. Basic Books, New York

Yalom, I.D. (1974) Gruppenpsychotherapie. Grundlagen und Methoden. Ein Handbuch. Kindler, München

Yap, P.-M. (1974) Comparative Psychiatry. A theoretical Framework. University of Toronto Press, Toronto.

Das transkulturelle Psychoforum

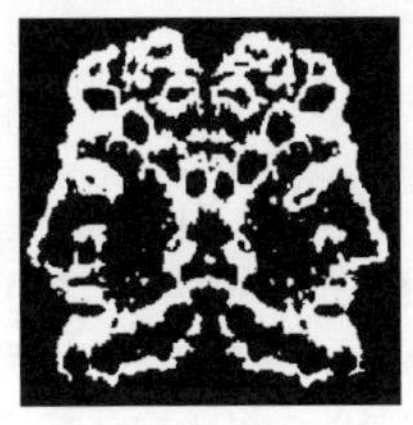

herausgegeben von Thomas Heise & Judith Schuler

Band 1:
Transkulturelle Begutachtung.
Qualitätssicherung sozialgerichtlicher und sozialmedizinischer Begutachtung für Arbeitsmigranten in Deutschland
hrsg. von J. Collatz, E. Koch, R. Salman & W. Machleidt
ISBN 3-86135-130-7

Band 2:
Psychiatrie im Kulturvergleich.
B eiträge des Symposiums 1994 des Referats transkulturelle Psychiatrie der DGPPN im Zentrum für Psychiatrie Reichenau
hrsg. von K. Hoffmann & W. Machleidt
ISBN 3-86135-131-5

Band 3:
Psychosoziale Betreuung und psychiatrische Behandlung von Spätaussiedlern
hrsg. von Thomas Heise & Jürgen Collatz
ISBN 3-86135-132-3

Band 4:
Transkulturelle Psychotherapie.
Hilfen im ärztlichen und therapeutischen Umgang mit ausländischen Mitbürgern
hrsg. von Thomas Heise
ISBN 3-865135-133-1

Band 5:
Transkulturelle Beratung, Psychotherapie und Psychiatrie in Deutschland
hrsg. von Thomas Heise
ISBN 3-86135-138-2

Das transkulturelle Psychoforum

Band 6:
ZHAO Xudong:
Die Einführung systemischer Familientherapie in China als ein kulturelles Projekt
ISBN 3-86135-135-8

Band 7:
Hamid Peseschkian:
Die russische Seele im Spiegel der Psychotherapie.
Ein Beitrag zur Entwicklung einer transkulturellen Psychotherapie
ISBN 3-86135-136-6

Band 8:
Thomas Heise:
***Qigong* in der VR China.**
Entwicklung, Theorie und Praxis
ISBN 3-86135-137-4

Band 9:
Andreas Heinz:
Anthropologische und evolutionäre Modelle
in der Schizophrenieforschung
ISBN 3-86135-139-0

Band 10:
Julia Kleinhenz:
Chinesische Diätetik.
Medizin aus dem Kochtopf

mehr Information zu den genannten sowie weiteren Titeln finden unter:
www.vwb-verlag.com

VWB – Verlag für Wissenschaft und Bildung, Amand Aglaster
Postach 11 03 68 • 10833 Berlin
Tel. 030-251 04 15 • Fax 030-251 11 36
e-mail: 100615.1565@compuserve.com